어린 왕자

리딩 속도가 빨라지는 영어책 001

어린왕자
The Little Prince

2015년 2월 20일 초판 1쇄 인쇄
2015년 2월 25일 초판 1쇄 발행

지은이 앙투안 드 생텍쥐페리
발행인 손건
편집기획 손용희
마케팅 이언영
디자인 김선옥
제작 최승용
인쇄 선경프린테크

발행처 LanCom 랭컴
주소 서울시 영등포구 영신로 38길 17
등록번호 제 312-2006-00060호
전화 02) 2636-0895
팩스 02) 2636-0896
홈페이지 www.lancom.co.kr

ISBN 978-89-98469-72-6

어린 왕자

The Little Prince

앙투안 드 생텍쥐페리 지음

Chapter 01

Once when I was six years old I saw a magnificent picture in a book, called True Stories from Nature, about the primeval forest. It was a picture of a boa constrictor in the act

of swallowing an animal. Here is a copy of the drawing.

In the book it said: "Boa constrictors swallow their prey whole, without chewing it. After that they are not able to move, and they sleep through the six months that they need for digestion."

I pondered deeply, then, over the adventures of the jungle. And after some work with a colored pencil I succeeded in making my first drawing. My Drawing Number One. It looked like this:

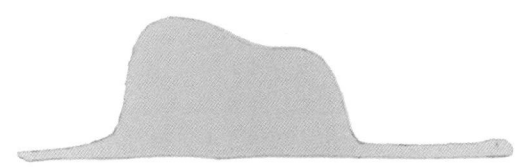

I showed my masterpiece to the grown-ups, and asked them whether the drawing frightened them.

But they answered: "Frighten? Why should any one be frightened by a hat?"

My drawing was not a picture of a hat. It was a picture of a boa constrictor digesting an elephant. But since the grown-ups were not able to understand it, I made another drawing: I drew the inside of the boa constrictor, so that the grown-ups could see it clearly. They always need to have things explained. My Drawing Number Two looked like this:

The grown-ups' response, this time, was to advise me to lay aside my drawings of boa constrictors, whether from the inside or the outside, and devote myself instead to geography, history, arithmetic and grammar. That is why, at the age of six, I gave up what might have been a magnificent career as a painter. I had been disheartened by the failure of my Drawing Number One and my Drawing Number Two. Grown-ups never understand anything by themselves, and it is tiresome for children to be always and forever explaining things to them.

So then I chose another profession, and learned to pilot airplanes. I have flown a little over all parts of the world; and it is true that geography has been very useful to me. At a glance I can distinguish China from Arizona. If one gets lost in the night, such knowledge is valuable.

In the course of this life I have had a great many encounters with a great many people who have been concerned with matters of consequence. I have lived a great deal among grown-ups. I have seen them intimately, close at hand. And that hasn't much improved my opinion of them.

Whenever I met one of them who seemed to me at all clear-sighted, I tried the experiment of showing him my Drawing Number One, which I have always kept. I would try to find out, so, if this was a person of true understanding. But, whoever it was, he, or she, would always say:

"That is a hat." Then I would never talk to that person about boa constrictors, or primeval forests, or stars. I would bring myself down to his level. I would talk to him about bridge, and golf, and politics, and neckties. And the grown-up would be greatly pleased to have met such a sensible man.

Chapter 02

So I lived my life alone, without anyone that I could really talk to, until I had an accident with my plane in the Desert of Sahara, six years ago. Something was broken in my engine. And as I had with me neither a mechanic nor any passengers, I set myself to attempt the difficult repairs all alone. It was a question of life or death for me: I had scarcely enough drinking water to last a week.

The first night, then, I went to sleep on the sand, a thousand miles from any human habitation. I was more isolated than a shipwrecked sailor on a raft in the middle of the ocean. Thus you can imagine my amazement, at sunrise, when I was awakened by an odd little voice. It said:

"If you please, draw me a sheep!"

"What!"

"Draw me a sheep!"

I jumped to my feet, completely thunderstruck. I blinked my eyes hard. I looked carefully all around me. And I saw a most extraordinary small person, who stood there examining me with great seriousness. Here you may see the best portrait that, later, I was able to make of him. But my drawing is certainly very much less charming than its model.

That, however, is not my fault. The grown-ups discouraged me in my painter's career when I was six years old, and I never learned to draw anything, except boas from the outside and boas from the inside.

*Here you may see the best potrait that, later,
I was able to make of him.*

Now I stared at this sudden apparition with my eyes fairly starting out of my head in astonishment. Remember, I had crashed in the desert a thousand miles from any inhabited region. And yet my little man seemed neither to be straying uncertainly among the sands, nor to be fainting from fatigue or hunger or thirst or fear. Nothing about him gave any suggestion of a child lost in the middle of the desert, a thousand miles from any human habitation. When at last I was able to speak, I said to him:

"But, what are you doing here?"

And in answer he repeated, very slowly, as if he were speaking of a matter of great consequence: "If you please, draw me a sheep..."

When a mystery is too overpowering, one dare not disobey. Absurd as it might seem to me, a thousand miles from any human habitation and in danger of death, I took out of my pocket a sheet of paper and my fountain-pen.

But then I remembered how my studies had been concentrated on geography, history, arithmetic, and grammar, and I told the little chap (a little crossly, too) that I did not know how to draw. He answered me:

"That doesn't matter. Draw me a sheep..."

But I had never drawn a sheep. So I drew for him one of the two pictures I had drawn so often. It was that of the boa constrictor from the outside. And I was astounded to hear the little fellow greet it with,

"No, no, no! I do not want an elephant inside a boa constrictor. A boa constrictor is a very dangerous creature, and an elephant is very cumbersome. Where I live, everything is very small. What I need is a sheep. Draw me a sheep."

So then I made a drawing.

He looked at it carefully, then he said:

"No. This sheep is already very sickly. Make me another."

So I made another drawing.

My friend smiled gently and indulgently.

"You see yourself," he said, "that this is not a sheep. This is a ram. It has horns."

So then I did my drawing over once more.

But it was rejected too, just like the others.

"This one is too old. I want a sheep that will live a long time."

By this time my patience was exhausted, because I was in a hurry to start taking my engine apart. So I tossed off this drawing.

And I threw out an explanation with it.

"This is only his box. The sheep you asked for is inside."

I was very surprised to see a light break over the face of my young judge:

"That is exactly the way I wanted it! Do you think that this sheep will have to have a great

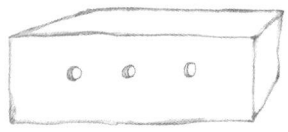

deal of grass?"

"Why?"

"Because where I live everything is very small..."

"There will surely be enough grass for him," I said. "It is a very small sheep that I have given you."

He bent his head over the drawing:

~에 열중했다

"Not so small that, Look! He has gone to sleep..."

And that is how I made the acquaintance of the little prince.

~와 아는 사이가 되다

Chapter 03

It took me a long time to learn where he came from. The little prince, who asked me so many questions, never seemed to hear the ones I asked him. It was from words dropped by chance that, little by little, everything was revealed to me.

The first time he saw my airplane, for instance (I shall not draw my airplane; that would be much too complicated for me), he asked me:

"What is that object?"

"That is not an object. It flies. It is an airplane. It is my airplane."

And I was proud to have him learn that I could fly.

He cried out, then:

"What! You dropped down from the sky?"

"Yes," I answered, modestly.

"Oh! That is funny!"

And the little prince broke into a lovely peal of laughter, which irritated me very much. I like my misfortunes to be taken seriously.

Then he added:

"So you, too, come from the sky! Which is your planet?"

At that moment I caught a gleam of light in the impenetrable mystery of his presence; and I demanded, abruptly:

"Do you come from another planet?"

But he did not reply. He tossed his head gently, without taking his eyes from my plane:

"It is true that on that you can't have come from very far away…"

And he sank into a reverie, which lasted a long time. Then, taking my sheep out of his pocket, he buried himself in the contemplation of his treasure.

You can imagine how my curiosity was aroused by this half-confidence about the "other planets." I made a great effort, therefore, to find out more on this subject.

"My little man, where do you come from? What is this 'where I live,' of which you speak? Where do you want to take your sheep?"

After a reflective silence he answered:

"The thing that is so good about the box you have given me is that at night he can use it as his house."

"That is so. And if you are good I will give you a string, too, so that you can tie him during the day, and a post to tie him to."

But the little prince seemed shocked by this offer:

"Tie him! What a queer idea!"

"But if you don't tie him," I said, "he will wander off somewhere, and get lost."

My friend broke into another peal of laughter:

"But where do you think he would go?"

"Anywhere. Straight ahead of him."

Then the little prince said, earnestly:

"That doesn't matter. Where I live, everything is so small!"

And, with perhaps a hint of sadness, he added:

"Straight ahead of him, nobody can go very far…"

The Little Prince on Asteroid B-612

Chapter 04

I had thus learned a second fact of great importance: this was that the planet the little prince came from was scarcely any larger than a

아주 중요한 두 번째 사실

house!

But that did not really surprise me much. I knew very well that in addition to the great planets, such as the Earth, Jupiter, Mars, Venus, to which we have given names, there are also hundreds of others, some of which are so small that one has a hard time seeing them through the telescope. When an astronomer discovers one of these he does not give it a name, but only a number. He might call it, for example, "Asteroid 325."

I have serious reason to believe that the planet from which the little prince came is the asteroid known as B-612.

This asteroid has only once been seen through the telescope. That was by a Turkish astronomer, in 1909.

On making his discovery, the astronomer had presented it to the International Astronomical Congress, in a great demonstration. But he

was in Turkish costume, and so nobody would believe what he said.

Grown-ups are like that...

Fortunately, however, for the reputation of Asteroid B-612, a Turkish dictator made a law that his subjects, under pain of death, should change to European costume. So in 1920 the astronomer gave his demonstration all over again, dressed with impressive style and elegance. And this time everybody accepted his report.

If I have told you these details about the asteroid, and made a note of its number for you, it is on account of the grown-ups and their ways. When you tell them that you have made a new friend, they never ask you any questions about essential matters. They never say to you, "What does his voice sound like? What games does he love best? Does he collect butterflies?" Instead, they demand: "How old is he? How many brothers has he? How much does he weigh? How much money does his father make?" Only from these figures do they think they have learned anything about him.

If you were to say to the grown-ups: "I saw a beautiful house made of rosy brick, with geraniums in the windows and doves on the roof," they would not be able to get any idea of that house at all. You would have to say to them: "I saw a house that cost $20,000." Then they would exclaim: "Oh, what a pretty house that is!"

Just so, you might say to them: "The proof that the little prince existed is that he was charming, that he laughed, and that he was looking for a sheep. If anybody wants a sheep, that is a proof that he exists." And what good would it do to tell them that? They would shrug their shoulders, and treat you like a child. But if you said to them: "The planet he came from is Asteroid B-612," then they would be convinced, and leave you in peace from their questions.

They are like that. One must not hold it against them. Children should always show great forbearance toward grown-up people.

But certainly, for us who understand life, figures are a matter of indifference. I should have liked to begin this story in the fashion of the fairy-tales. I should have like to say: "Once upon a time there was a little prince who lived on a planet that was scarcely any bigger than himself, and who had need of a sheep…"

To those who understand life, that would have given a much greater air of truth to my story.

For I do not want any one to read my book carelessly. I have suffered too much grief in setting down these memories. Six years have already passed since my friend went away from me, with his sheep. If I try to describe him here, it is to make sure that I shall not forget him. To forget a friend is sad. Not every one has had a friend. And if I forget him, I may become like the grown-ups who are no longer interested in anything but figures…

It is for that purpose, again, that I have bought a box of paints and some pencils. It is hard to take up drawing again at my age, when I have never made any pictures except those of the boa constrictor from the outside and the boa constrictor from the inside, since I was six. I shall certainly try to make my portraits as true to life as possible. But I am not at all sure of success. One drawing goes along all right, and another has no resemblance to its subject. I make some errors, too, in the little prince's height: in one place he is too tall and in another too short. And I feel some doubts about the color of his costume. So I fumble along as best I can, now good, now bad, and I hope generally fair-to-middling.

In certain more important details I shall make mistakes, also. But that is something that will not be my fault. My friend never explained anything to me. He thought, perhaps, that I was like himself. But I, alas, do not know how to see sheep through the walls of boxes. Perhaps I am a little like the grown-ups. I have had to grow old.

Chapter 05

As each day passed I would learn, in our talk, something about the little prince's planet, his departure from it, his journey. The information would come very slowly, as it might chance to fall from his thoughts. It was in this way that I heard, on the third day, about the catastrophe of the baobabs.

This time, once more, I had the sheep to thank for it. For the little prince asked me abruptly, as if seized by a grave doubt, "It is true, isn't it, that sheep eat little bushes?"

"Yes, that is true."

"Ah! I am glad!"

I did not understand why it was so important that sheep should eat little bushes. But the little prince added:

"Then it follows that they also eat baobabs?"

I pointed out to the little prince that baobabs were not little bushes, but, on the contrary, trees as big as castles; and that even if he took a whole herd of elephants away with him, the herd would not eat up one single baobab.

The idea of the herd of elephants made the

little prince laugh.

"We would have to put them one on top of the other," he said.

But he made a wise comment:

"Before they grow so big, the baobabs start out by being little."

"That is strictly correct," I said. "But why do you want the sheep to eat the little baobabs?"

He answered me at once, "Oh, come, come!", as if he were speaking of something that was self-evident. And I was obliged to make a great mental effort to solve this problem, without any assistance.

Indeed, as I learned, there were on the planet where the little prince lived, as on all planets, good plants and bad plants. In consequence, there were good seeds from good plants, and bad seeds from bad plants. But seeds are invisible. They sleep deep in the heart of the earth's darkness, until some one among them is seized with the desire to awaken. Then this little seed will stretch itself and begin, timidly at first, to push a charming little sprig inoffensively upward toward the sun. If it is only a sprout of radish or the sprig of a rose-bush, one would let it grow wherever it might wish. But when it is a bad plant, one must destroy it as soon as possible, the very first instant that one recognizes it.

Now there were some terrible seeds on the planet that was the home of the little prince;

and these were the seeds of the baobab. The soil of that planet was infested with them. A baobab is something you will never, never be able to get rid of if you attend to it too late. It spreads over the entire planet. It bores clear through it with its roots. And if the planet is too small, and the baobabs are too many, they split it in pieces...

"It is a question of discipline," the little prince said to me later on. "When you've finished your own toilet in the morning, then it is time to attend to the toilet of your planet, just so, with the greatest care. You must see to it that you pull up regularly all the baobabs, at the very first moment when they can be distinguished from the rosebushes which they resemble so closely in their earliest youth. It is very tedious work," the little prince added, "but very easy."

And one day he said to me: "You ought to make a beautiful drawing, so that the children where you live can see exactly how all this is.

That would be very useful to them if they were to travel some day. Sometimes," he added, "there is no harm in putting off a piece of work until another day. But when it is a matter of baobabs, that always means a catastrophe. I knew a planet that was inhabited by a lazy man. He neglected three little bushes…"

So, as the little prince described it to me, I have made a drawing of that planet. I do not much like to take the tone of a moralist. But the danger of the baobabs is so little understood, and such considerable risks would be run by anyone who might get lost on an asteroid, that for once I am breaking through my reserve. "Children," I say plainly, "watch out for the baobabs!"

My friends, like myself, have been skirting this danger for a long time, without ever knowing it; and so it is for them that I have worked so hard over this drawing. The lesson which I pass on by this means is worth all the trouble it has cost me.

Perhaps you will ask me, "Why are there no other drawing in this book as magnificent and impressive as this drawing of the baobabs?" The reply is simple. I have tried. But with the others I have not been successful. When I made the drawing of the baobabs I was carried beyond myself by the inspiring force of urgent necessity.

The Baobabs

Chapter 06

Oh, little prince! Bit by bit I came to understand the secrets of your sad little life... For a long time you had found your only entertainment in the quiet pleasure of looking at the sunset. I learned that new detail on the morning of the fourth day, when you said to me:

"I am very fond of sunsets. Come, let us go look at a sunset now."

"But we must wait," I said.

"Wait? For what?"

"For the sunset. We must wait until it is time."

At first you seemed to be very much surprised. And then you laughed to yourself. You said to me:

"I am always thinking that I am at home!"

Just so. Everybody knows that when it is noon in the United States the sun is setting over France.

If you could fly to France in one minute, you could go straight into the sunset, right from noon. Unfortunately, France is too far away for that. But on your tiny planet, my little prince,

all you need do is move your chair a few steps. You can see the day end and the twilight falling whenever you like...

"One day," you said to me, "I saw the sunset forty-four times!"

And a little later you added:

"You know, one loves the sunset, when one is so sad..."

"Were you so sad, then?" I asked, "on the day of the forty-four sunsets?"

But the little prince made no reply.

Chapter 07

On the fifth day, again, as always, it was thanks to the sheep, the secret of the little prince's life was revealed to me. Abruptly, without anything to lead up to it, and as if the ques-

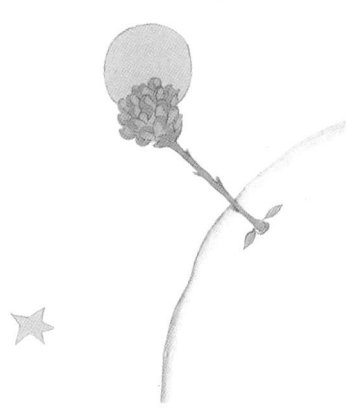

tion had been born of long and silent meditation on his problem, he demanded:

"A sheep, if it eats little bushes, does it eat flowers, too?"

"A sheep," I answered, "eats anything it finds in its reach."

"Even flowers that have thorns?"

"Yes, even flowers that have thorns."

"Then the thorns, what use are they?"

I did not know. At that moment I was very busy trying to unscrew a bolt that had got stuck in my engine. I was very much worried, for it was becoming clear to me that the breakdown of my plane was extremely serious. And I had so little drinking-water left that I had to fear for the worst.

"The thorns, what use are they?"

The little prince never let go of a question, once he had asked it. As for me, I was upset over that bolt. And I answered with the first thing that came into my head:

"The thorns are of no use at all. Flowers have thorns just for spite!"

"Oh!"

There was a moment of complete silence. Then the little prince flashed back at me, with a kind of resentfulness:

"I don't believe you! Flowers are weak creatures. They are naive. They reassure themselves as best they can. They believe that their thorns are terrible weapons..."

I did not answer. At that instant I was saying to myself: "If this bolt still won't turn, I am going to knock it out with the hammer." Again the little prince disturbed my thoughts.

"And you actually believe that the flowers..."

"Oh, no!" I cried. "No, no no! I don't believe anything. I answered you with the first thing that came into my head. Don't you see, I am very busy with matters of consequence!"

He stared at me, thunderstruck.

"Matters of consequence!"

He looked at me there, with my hammer in my hand, my fingers black with engine-grease, bending down over an object which seemed to him extremely ugly...

"You talk just like the grown-ups!"

That made me a little ashamed. But he went on, relentlessly:

"You mix everything up together... You confuse everything..."

He was really very angry. He tossed his golden curls in the breeze.

"I know a planet where there is a certain red-faced gentleman. He has never smelled a flower. He has never looked at a star. He has never loved any one. He has never done anything in his life but add up figures. And all day he says over and over, just like you: 'I am busy with matters of consequence!' And that makes him swell up with pride. But he is not a man, he is a mushroom!"

"A what?"

"A mushroom!"

The little prince was now white with rage.

"The flowers have been growing thorns for millions of years. For millions of years the sheep have been eating them just the same. And is it not a matter of consequence to try to understand why the flowers go to so much trouble to grow thorns which are never of any use to them? Is the warfare between the sheep and the flowers not important? Is this not of more consequence than a fat red-faced gentleman's sums? And if I know, I, myself, one flower which is unique in the world, which grows nowhere but on my planet, but which one little sheep can destroy in a single bite some morning, without even noticing what he is doing, Oh! You think that is not important!"

His face turned from white to red as he continued:

"If some one loves a flower, of which just one single blossom grows in all the millions and millions of stars, it is enough to make him happy just to look at the stars. He can say to himself, 'Somewhere, my flower is there...' But if the sheep eats the flower, in one moment all his stars will be darkened... And you think that is not important!"

He could not say anything more. His words were choked by sobbing.

The night had fallen. I had let my tools drop from my hands. Of what moment now was my hammer, my bolt, or thirst, or death? On one star, one planet, my planet, the Earth, there was a little prince to be comforted. I took him in my arms, and rocked him. I said to him:

"The flower that you love is not in danger. I will draw you a muzzle for your sheep. I will

draw you a railing to put around your flower. I
will..."

I did not know what to say to him. I felt awkward and blundering. I did not know how I could reach him, where I could overtake him and go on hand in hand with him once more.

It is such a secret place, the land of tears.

Chapter 08

I soon learned to know this flower better. On the little prince's planet the flowers had always been very simple. They had only one ring of petals; they took up no room at all; they were a trouble to nobody. One morning they would appear in the grass, and by night they would have faded peacefully away. But one day, from a seed blown from no one knew where, a new flower had come up; and the little prince had watched very closely over this small sprout which was not like any other small sprouts on his planet. It might, you see, have been a new kind of baobab.

The shrub soon stopped growing, and began to get ready to produce a flower. The little prince, who was present at the first appearance of a huge bud, felt at once that some sort of miraculous apparition must emerge from it. But the flower was not satisfied to complete the preparations for her beauty in the shelter of her green chamber. She chose her colours with the greatest care. She adjusted her petals one by one. She did not wish to go out into the world all rumpled, like the field poppies. It was only in the full radiance of her beauty that she wished

to appear. Oh, yes! She was a coquettish creature! And her mysterious adornment lasted for days and days.

Then one morning, exactly at sunrise, she suddenly showed herself.

And, after working with all this painstaking precision, she yawned and said:

"Ah! I am scarcely awake. I beg that you will excuse me. My petals are still all disarranged..."

But the little prince could not restrain his admiration:

"Oh! How beautiful you are!"

"Am I not?" the flower responded, sweetly. "And I was born at the same moment as the sun..."

The little prince could guess easily enough that she was not any too modest, but how moving and exciting, she was!

"I think it is time for breakfast," she added an instant later. "If you would have the kindness to think of my needs..."

And the little prince, completely abashed, went to look for a sprinkling-can of fresh water. So, he tended the flower.

So, too, she began very quickly to torment him with her vanity, which was, if the truth be known, a little difficult to deal with. One day, for instance, when she was speaking of her four thorns, she said to the little prince:

"Let the tigers come with their claws!"

"There are no tigers on my planet," the little

prince objected. "And, anyway, tigers do not eat weeds."

"I am not a weed," the flower replied, sweetly.

"Please excuse me..."

"I am not at all afraid of tigers," she went on, "but I have a horror of drafts. I suppose you wouldn't have a screen for me?"

"A horror of drafts, that is bad luck, for a plant," remarked the little prince, and added to himself, "This flower is a very complex creature..."

"At night I want you to put me under a glass globe. It is very cold where you live. In the place I came from..."

But she interrupted herself at that point. She had come in the form of a seed. She could not have known anything of any other worlds. Embarassed over having let herself be caught on the verge of such a naïve untruth, she coughed two or three times, in order to put the little prince in the wrong.

"The screen?"

"I was just going to look for it when you spoke to me..."

Then she forced her cough a little more so that he should suffer from remorse just the same.

So the little prince, in spite of all the good will that was inseparable from his love, had soon come to doubt her. He had taken seriously words which were without importance, and it made him very unhappy.

"I ought not to have listened to her," he confided to me one day. "One never ought to listen to the flowers. One should simply look at them and breathe their fragrance. Mine perfumed all my planet. But I did not know how to take pleasure in all her grace. This tale of claws, which disturbed me so much, should only have filled my heart with tenderness and pity."

And he continued his confidences:

"The fact is that I did not know how to understand anything! I ought to have judged by deeds and not by words. She cast her fragrance and her radiance over me. I ought never to have run away from her... I ought to have guessed all the affection that lay behind her poor little stratagems. Flowers are so inconsistent! But I was too young to know how to love her..."

Chapter 09

I believe that for his escape he took advantage of the migration of a flock of wild birds. On the morning of his departure he put his planet in perfect order. He carefully cleaned out his active volcanoes. He possessed two active volcanoes; and they were very convenient for heating his breakfast in the morning. He also had one volcano that was extinct. But, as he said, "One never knows!" So he cleaned out the extinct volcano, too. If they are well cleaned out, volcanoes burn slowly and steadily, without any eruptions. Volcanic eruptions are like fires in a chimney.

He carefully cleaned out his active volcanoes.

On our earth we are obviously much too small to clean out our volcanoes. That is why they bring no end of trouble upon us.

The little prince also pulled up, with a certain sense of dejection, the last little shoots of the baobabs. He believed that he would never want to return. But on this last morning all these familiar tasks seemed very precious to him. And when he watered the flower for the last time, and prepared to place her under the shelter of her glass globe, he realised that he was very close to tears.

"Goodbye," he said to the flower.

But she made no answer.

"Goodbye," he said again.

The flower coughed. But it was not because she had a cold.

"I have been silly," she said to him, at last. "I ask your forgiveness. Try to be happy..."

He was surprised by this absence of reproaches. He stood there all bewildered, the glass globe held arrested in mid-air. He did not understand this quiet sweetness.

"Of course I love you," the flower said to him. "It is my fault that you have not known it all the while. That is of no importance. But you, you have been just as foolish as I. Try to be happy... let the glass globe be. I don't want it any more."

"But the wind..."

"My cold is not so bad as all that... the cool night air will do me good. I am a flower."

"But the animals..."

"Well, I must endure the presence of two or three caterpillars if I wish to become acquainted with the butterflies. It seems that they are very beautiful. And if not the butterflies, and the caterpillars, who will call upon me? You will be far away... as for the large animals, I am not at all afraid of any of them. I have my claws."

And, naïvely, she showed her four thorns.
Then she added:

"Don't linger like this. You have decided to go away. Now go!"

For she did not want him to see her crying.

She was such a proud flower...

Chapter 10

He found himself in the neighborhood of the asteroids 325, 326, 327, 328, 329, and 330. He began, therefore, by visiting them, in order to add to his knowledge.

The first of them was inhabited by a king. Clad in royal purple and ermine, he was seated upon a throne which was at the same time both simple and majestic.

"Ah! Here is a subject," exclaimed the king, when he saw the little prince coming.

And the little prince asked himself:

"How could he recognize me when he had

never seen me before?"

He did not know how the world is simplified for kings. To them, all men are subjects.

"Approach, so that I may see you better," said the king, who felt consumingly proud of being at last a king over somebody.

The little prince looked everywhere to find a place to sit down; but the entire planet was crammed and obstructed by the king's magnificent ermine robe. So he remained standing upright, and, since he was tired, he yawned.

"It is contrary to etiquette to yawn in the presence of a king," the monarch said to him. "I forbid you to do so."

"I can't help it. I can't stop myself," replied the little prince, thoroughly embarrassed. "I have come on a long journey, and I have had no sleep..."

"Ah, then," the king said. "I order you to yawn. It is years since I have seen anyone yawn-

*The entire planet was crammed and
obstructed by the king's magnificent ermine robe.*

ing. Yawns, to me, are objects of curiosity. Come, now! Yawn again! It is an order."

"That frightens me... I cannot, any more..." murmured the little prince, now completely abashed.

"Hum! Hum!" replied the king. "Then I... I order you sometimes to yawn and sometimes to..."

He sputtered a little, and seemed vexed.

For what the king fundamentally insisted upon was that his authority should be respected. He tolerated no disobedience. He was an absolute monarch. But, because he was a very good man, he made his orders reasonable.

"If I ordered a general," he would say, by way of example, "if I ordered a general to change himself into a sea bird, and if the general did not obey me, that would not be the fault of the general. It would be my fault."

"May I sit down?" came now a timid inquiry

from the little prince.

"I order you to do so," the king answered him, and majestically gathered in a fold of his ermine mantle.

But the little prince was wondering… The planet was tiny. Over what could this king really rule?

"Sire," he said to him, "I beg that you will excuse my asking you a question…"

"I order you to ask me a question," the king hastened to assure him.

"Sire, over what do you rule?"

"Over everything," said the king, with magnificent simplicity.

"Over everything?"

The king made a gesture, which took in his planet, the other planets, and all the stars.

"Over all that?" asked the little prince.

"Over all that," the king answered.

For his rule was not only absolute: it was

also universal.

"And the stars obey you?"

"Certainly they do," the king said. "They obey instantly. I do not permit insubordination."

Such power was a thing for the little prince to marvel at. If he had been master of such complete authority, he would have been able to watch the sunset, not forty-four times in one day, but seventy-two, or even a hundred, or even two hundred times, without ever having to move his chair. And because he felt a bit sad as he remembered his little planet which he had forsaken, he plucked up his courage to ask the king a favor:

"I should like to see a sunset... do me that kindness... Order the sun to set..."

"If I ordered a general to fly from one flower to another like a butterfly, or to write a tragic drama, or to change himself into a sea bird, and if the general did not carry out the order that he had received, which one of us would be in the wrong?" the king demanded. "The general, or myself?"

"You," said the little prince firmly.

"Exactly. One much require from each one the duty which each one can perform," the king went on. "Accepted authority rests first of all on reason. If you ordered your people to go and throw themselves into the sea, they would rise up in revolution. I have the right to require obedience because my orders are reasonable."

"Then my sunset?" the little prince reminded him: for he never forgot a question once he had asked it.

"You shall have your sunset. I shall command it. But, according to my science of government, I shall wait until conditions are favorable."

"When will that be?" inquired the little

prince.

"Hum! Hum!" replied the king; and before saying anything else he consulted a bulky almanac. "Hum! Hum! That will be about, about, that will be this evening about twenty minutes to eight. And you will see how well I am obeyed."

The little prince yawned. He was regretting his lost sunset. And then, too, he was already beginning to be a little bored.

"I have nothing more to do here," he said to the king. "So I shall set out on my way again."

"Do not go," said the king, who was very proud of having a subject. "Do not go. I will make you a Minister!"

"Minister of what?"

"Minster of, of Justice!"

"But there is nobody here to judge!"

"We do not know that," the king said to him. "I have not yet made a complete tour of my kingdom. I am very old. There is no room here for a carriage. And it tires me to walk."

"Oh, but I have looked already!" said the little prince, turning around to give one more glance to the other side of the planet. On that side, as on this, there was nobody at all...

"Then you shall judge yourself," the king answered. "that is the most difficult thing of all. It is much more difficult to judge oneself than to judge others. If you succeed in judging yourself rightly, then you are indeed a man of true wisdom."

"Yes," said the little prince, "but I can judge myself anywhere. I do not need to live on this planet.

"Hum! Hum!" said the king. "I have good reason to believe that somewhere on my planet there is an old rat. I hear him at night. You can judge this old rat. From time to time you will condemn him to death. Thus his life will depend on your justice. But you will pardon him on each occasion; for he must be treated thriftily. He is the only one we have."

"I," replied the little prince, "do not like to condemn anyone to death. And now I think I will go on my way."

"No," said the king.

But the little prince, having now completed his preparations for departure, had no wish to grieve the old monarch.

"If Your Majesty wishes to be promptly obeyed," he said, "he should be able to give me a reasonable order. He should be able, for example, to order me to be gone by the end of one minute. It seems to me that conditions are favorable…"

As the king made no answer, the little prince hesitated a moment. Then, with a sigh, he took his leave.

"I made you my Ambassador," the king called out, hastily.

He had a magnificent air of authority.
권위에 찬 근엄한 모습

"The grown-ups are very strange," the little prince said to himself, as he continued on his journey.

Chapter 11

The second planet was inhabited by a conceited man.

"Ah! Ah! I am about to receive a visit from an admirer!" he exclaimed from afar, when he first saw the little prince coming.

For, to conceited men, all other men are admirers.

"Good morning," said the little prince. "That is a queer hat you are wearing."

"It is a hat for salutes," the conceited man replied. "It is to raise in salute when people acclaim me. Unfortunately, nobody at all ever

Ah! Ah! I am about to receive a visit from an admirer!

passes this way."

"Yes?" said the little prince, who did not understand what the conceited man was talking about.

"Clap your hands, one against the other," the conceited man now directed him.

The little prince clapped his hands. The conceited man raised his hat in a modest salute.

"This is more entertaining than the visit to the king," the little prince said to himself. And he began again to clap his hands, one against the other. The conceited man against raised his hat in salute.

After five minutes of this exercise the little prince grew tired of the game's monotony.

"And what should one do to make the hat come down?" he asked.

But the conceited man did not hear him. Conceited people never hear anything but praise.

"Do you really admire me very much?" he demanded of the little prince.

"What does that mean, 'admire'?"

"To admire mean that you regard me as the handsomest, the best-dressed, the richest, and the most intelligent man on this planet."

"But you are the only man on your planet!"

"Do me this kindness. Admire me just the same."

"I admire you," said the little prince, shrugging his shoulders slightly, "but what is there in that to interest you so much?"

And the little prince went away.

"The grown-ups are certainly very odd," he said to himself, as he continued on his journey.

Chapter 12

The next planet was inhabited by a tippler. This was a very short visit, but it plunged the little prince into deep dejection.

"What are you doing there?" he said to the tippler, whom he found settled down in silence before a collection of empty bottles and also a collection of full bottles.

"I am drinking," replied the tippler, with a lugubrious air.

"Why are you drinking?" demanded the little prince.

"So that I may forget," replied the tippler.

"Forget what?" inquired the little prince, who already was sorry for him.

"Forget that I am ashamed," the tippler confessed, hanging his head.

"Ashamed of what?" insisted the little prince, who wanted to help him.

"Ashamed of drinking!" The tippler brought his speech to an end, and shut himself up in an impregnable silence.

And the little prince went away, puzzled.

"The grown-ups are certainly very, very odd," he said to himself, as he continued on his journey.

The next planet was inhabited by a tippler.

Chapter 13

The fourth planet belonged to a businessman. This man was so much occupied that he did not even raise his head at the little prince's arrival.

"Good morning," the little prince said to him. "Your cigarette has gone out."

"Three and two make five. Five and seven make twelve. Twelve and three make fifteen. Good morning. Fifteen and seven make twenty-two. Twenty-two and six make twenty-eight. I haven't time to light it again. Twenty-six and five make thirty-one. Phew! Then that makes five-hundredand- one-million, six-hundred-twenty-two-thousand, seven-hundred-thirty-one."

"Five hundred million what?" asked the little prince.

"Eh? Are you still there? Five-hundred-and-one million, I can't stop... I have so much to do! I am concerned with matters of consequence. I don't amuse myself with balderdash. Two and five make seven..."

"Five-hundred-and-one million what?" repeated the little prince, who never in his life had let go of a question once he had asked it.

The businessman raised his head.

"During the fifty-four years that I have inhabited this planet, I have been disturbed only three times. The first time was twenty-two years ago, when some giddy goose fell from goodness knows where. He made the most frightful noise that resounded all over the place, and I made

four mistakes in my addition. The second time, eleven years ago, I was disturbed by an attack of rheumatism. I don't get enough exercise. I have no time for loafing. The third time, well, this is it! I was saying, then, five-hundred-and-one millions—"

"Millions of what?"

The businessman suddenly realized that there was no hope of being left in peace until he answered this question.

"Millions of those little objects," he said, "which one sometimes sees in the sky."

"Flies?"

"Oh, no. Little glittering objects."

"Bees?"

"Oh, no. Little golden objects that set lazy men to idle dreaming. As for me, I am concerned with matters of consequence. There is no time for idle dreaming in my life."

"Ah! You mean the stars?"

"Yes, that's it. The stars."

"And what do you do with five-hundred millions of stars?"

"Five-hundred-and-one million, six-hundred-twenty-two thousand, seven-hundred-thirty-one. I am concerned with matters of consequence: I am accurate."

"And what do you do with these stars?"

"What do I do with them?"

"Yes."

"Nothing. I own them."

"You own the stars?"

"Yes."

"But I have already seen a king who…"

"Kings do not own, they reign over. It is a very different matter."

"And what good does it do you to own the stars?"

"It does me the good of making me rich."

"And what good does it do you to be rich?"

"It makes it possible for me to buy more stars, if any are ever discovered."
만일 별이 발견되면

"This man," the little prince said to himself, "reasons a little like my poor tippler..."

Nevertheless, he still had some more questions.

"How is it possible for one to own the stars?"

"To whom do they belong?" the businessman retorted, peevishly.
신경질적으로 쏘아붙였다

"I don't know. To nobody."

"Then they belong to me, because I was the first person to think of it."

"Is that all that is necessary?"

"Certainly. When you find a diamond that belongs to nobody, it is yours. When you discover an island that belongs to nobody, it is yours.
주인이
없는
주인이 없는
When you get an idea before any one else, you take out a patent on it: it is yours. So with me:
거기에 관한 특허권을 획득하다
I own the stars, because nobody else before me ever thought of owning them."

"Yes, that is true," said the little prince. "And what do you do with them?"

"I administer them," replied the businessman. "I count them and recount them. It is difficult. But I am a man who is naturally interested in matters of consequence."

The little prince was still not satisfied.

"If I owned a silk scarf," he said, "I could put it around my neck and take it away with me. If I owned a flower, I could pluck that flower and take it away with me. But you cannot pluck the stars from heaven…"

"No. But I can put them in the bank."

"Whatever does that mean?"

"That means that I write the number of my stars on a little paper. And then I put this paper in a drawer and lock it with a key."

"And that is all?"

"That is enough," said the businessman.

"It is entertaining," thought the little prince.

"It is rather poetic. But it is of no great consequence."

On matters of consequence, the little prince had ideas which were very different from those of the grown-ups.

"I myself own a flower," he continued his conversation with the businessman, "which I water every day. I own three volcanoes, which I clean out every week (for I also clean out the one that is extinct; one never knows). It is of some use to my volcanoes, and it is of some use to my flower, that I own them. But you are of no use to the stars..."

The businessman opened his mouth, but he found nothing to say in answer. And the little prince went away.

"The grown-ups are certainly altogether extraordinary," he said simply, talking to himself as he continued on his journey.

Chapter 14

The fifth planet was very strange. It was the smallest of all. There was just enough room on it for a street lamp and a lamplighter. The little prince was not able to reach any explanation of the use of a street lamp and a lamplighter, somewhere in the heavens, on a planet which had no people, and not one house. But he said to himself, nevertheless:

"It may well be that this man is absurd. But he is not so absurd as the king, the conceited man, the businessman, and the tippler. For at least his work has some meaning. When he

I follow a terrible profession.

lights his street lamp, it is as if he brought one more star to life, or one flower. When he puts out his lamp, he sends the flower, or the star, to sleep. That is a beautiful occupation. And since it is beautiful, it is truly useful."

When he arrived on the planet he respectfully saluted the lamplighter.

"Good morning. Why have you just put out your lamp?"

"Those are the orders," replied the lamp-lighter. "Good morning."

"What are the orders?"

"The orders are that I put out my lamp. Good evening."

And he lighted his lamp again.

"But why have you just lighted it again?"

"Those are the orders," replied the lamp-lighter.

"I do not understand," said the little prince.

"There is nothing to understand," said the

lamplighter. "Orders are orders. Good morning."

And he put out his lamp.

Then he mopped his forehead with a handkerchief decorated with red squares.

"I follow a terrible profession. In the old days it was reasonable. I put the lamp out in the morning, and in the evening I lighted it again. I had the rest of the day for relaxation and the rest of the night for sleep."

"And the orders have been changed since that time?"

"The orders have not been changed," said the lamplighter. "That is the tragedy! From year to year the planet has turned more rapidly and the orders have not been changed!"

"Then what?" asked the little prince.

"Then, the planet now makes a complete turn every minute, and I no longer have a single second for repose. Once every minute I have to light my lamp and put it out!"

"That is very funny! A day lasts only one minute, here where you live!"

"It is not funny at all!" said the lamplighter. "While we have been talking together a month has gone by."

"A month?"

"Yes, a month. Thirty minutes. Thirty days. Good evening."

And he lighted his lamp again.

As the little prince watched him, he felt that he loved this lamplighter who was so faithful to his orders. He remembered the sunsets which he himself had gone to seek, in other days, merely by pulling up his chair; and he wanted to help his friend.

"You know," he said, "I can tell you a way you can rest whenever you want to..."

"I always want to rest," said the lamplighter.

For it is possible for a man to be faithful and

lazy at the same time.

The little prince went on with his explanation:

"Your planet is so small that three strides will take you all the way around it. To be always in the sunshine, you need only walk along rather slowly. When you want to rest, you will walk, and the day will last as long as you like."

"That doesn't do me much good," said the lamplighter. "The one thing I love in life is to sleep."

"Then you're unlucky," said the little prince.

"I am unlucky," said the lamplighter. "Good morning."

And he put out his lamp.

"That man," said the little prince to himself, as he continued farther on his journey, "that man would be scorned by all the others: by the king, by the conceited man, by the tippler, by the businessman. Nevertheless he is the only one of them all who does not seem to me ridiculous. Perhaps that is because he is thinking of something else besides himself."

He breathed a sigh of regret, and said to himself, again:

"That man is the only one of them all whom I could have made my friend. But his planet is indeed too small. There is no room on it for two people..."

What the little prince did not dare confess was that he was sorry most of all to leave this planet, because it was blest every day with 1440 sunsets!

Chapter 15

The sixth planet was ten times larger than the last one. It was inhabited by an old gentleman who wrote voluminous books.

"Oh, look! Here is an explorer!" he exclaimed to himself when he saw the little prince coming.

The little prince sat down on the table and panted a little. He had already traveled so much and so far!

"Where do you come from?" the old gentleman said to him.

"What is that big book?" said the little prince. "What are you doing?"

"I am a geographer," the old gentleman said to him.

"What is a geographer?" asked the little prince.

"A geographer is a scholar who knows the location of all the seas, rivers, towns, mountains, and deserts."

"That is very interesting," said the little prince. "Here at last is a man who has a real profession!" And he cast a look around him at the planet of the geographer. It was the most magnificent and stately planet that he had ever seen.

"Your planet is very beautiful," he said. "Has it any oceans?"

"I couldn't tell you," said the geographer.

"Ah!" The little prince was disappointed. "Has it any mountains?"

"I couldn't tell you," said the geographer.

"And towns, and rivers, and deserts?"

"I couldn't tell you that, either."

"But you are a geographer!"

"Exactly," the geographer said. "But I am not an explorer. I haven't a single explorer on my planet. It is not the geographer who goes out to count the towns, the rivers, the mountains, the seas, the oceans, and the deserts. The geographer is much too important to go loafing about. He does not leave his desk. But he receives the explorers in his study. He asks them questions, and he notes down what they recall of their travels. And if the recollections of any one among them seem interesting to him, the geographer orders an inquiry into that explorer's moral character."

"Why is that?"

"Because an explorer who told lies would bring disaster on the books of the geographer. So would an explorer who drank too much."

"Why is that?" asked the little prince.

"Because intoxicated men see double. Then the geographer would note down two mountains in a place where there was only one."

"I know some one," said the little prince, "who would make a bad explorer."

"That is possible. Then, when the moral character of the explorer is shown to be good, an inquiry is ordered into his discovery."

"One goes to see it?"

"No. That would be too complicated. But one requires the explorer to furnish proofs. For example, if the discovery in question is that of a large mountain, one requires that large stones be brought back from it."

The geographer was suddenly stirred to excitement.

"But you, you come from far away! You are an explorer! You shall describe your planet to me!"

And, having opened his big register, the geographer sharpened his pencil. The recitals of explorers are put down first in pencil. One waits until the explorer has furnished proofs, before putting them down in ink.

"Well?" said the geographer expectantly.

"Oh, where I live," said the little prince, "it is not very interesting. It is all so small. I have three volcanoes. Two volcanoes are active and the other is extinct. But one never knows."

"One never knows," said the geographer.

"I have also a flower."

"We do not record flowers," said the geographer.

"Why is that? The flower is the most beautiful thing on my planet!"

"We do not record them," said the geographer, "because they are ephemeral."

"What does that mean, 'ephemeral'?"

"Geographies," said the geographer, "are the books which, of all books, are most concerned with matters of consequence. They never become old-fashioned. It is very rarely that a mountain changes its position. It is very rarely that an ocean empties itself of its waters. We write of eternal things."

"But extinct volcanoes may come to life again," the little prince interrupted. "What does that mean, 'ephemeral'?"

"Whether volcanoes are extinct or alive, it comes to the same thing for us," said the geographer. "The thing that matters to us is the mountain. It does not change."

"But what does that mean, 'ephemeral'?" repeated the little prince, who never in his life had let go of a question, once he had asked it.

"It means, 'which is in danger of speedy disappearance.'"

"Is my flower in danger of speedy disappearance?"

"Certainly it is."

"My flower is ephemeral," the little prince said to himself, "and she has only four thorns to defend herself against the world. And I have left her on my planet, all alone!"

That was his first moment of regret. But he took courage once more.

"What place would you advise me to visit now?" he asked.

"The planet Earth," replied the geographer. "It has a good reputation."

And the little prince went away, thinking of his flower.

Chapter 16

So then the seventh planet was the Earth. The Earth is not just an ordinary planet! One can count, there 111 kings (not forgetting, to be sure, the Negro kings among them), 7000 geographers, 900,000 businessmen, 7,500,000 tipplers, 311,000,000 conceited men, that is to say, about 2,000,000,000 grown-ups.

To give you an idea of the size of the Earth, I will tell you that before the invention of electricity it was necessary to maintain, over the whole of the six continents, a veritable army of 462,511 lamplighters for the street lamps.

Seen from a slight distance, that would make a splendid spectacle. The movements of this army would be regulated like those of the ballet in the opera. First would come the turn of the lamplighters of New Zealand and Australia. Having set their lamps alight, these would go off to sleep. Next, the lamplighters of China and Siberia would enter for their steps in the dance, and then they too would be waved back into the wings. After that would come the turn of the lamplighters of Russia and the Indies; then those of Africa and Europe, then those of South America; then those of South America; then those of North America. And never would they make a mistake in the order of their entry upon the stage. It would be magnificent.

Only the man who was in charge of the single lamp at the North Pole, and his colleague who was responsible for the single lamp at the South Pole, only these two would live free from

toil and care: they would be busy twice a year.
해방된

When the little prince arrived on the Earth,
he was very much surprised not to see any people.

Chapter 17

When one wishes to play the wit, he sometimes wanders a little from the truth. I have not been altogether honest in what I have told you about the lamplighters. And I realize that I run the risk of giving a false idea of our planet to those who do not know it. Men occupy a very small place upon the Earth. If the two billion inhabitants who people its surface were all to stand upright and somewhat crowded together, as they do for some big public assembly, they could easily be put into one public square twenty miles long and twenty miles wide. All humanity could be piled up on a small Pacific islet.

The grown-ups, to be sure, will not believe you when you tell them that. They imagine that they fill a great deal of space. They fancy themselves as important as the baobabs. You should advise them, then, to make their own calculations. They adore figures, and that will please them. But do not waste your time on this extra task. It is unnecessary. You have, I know, confidence in me.

When the little prince arrived on the Earth, he was very much surprised not to see any people. He was beginning to be afraid he had come to the wrong planet, when a coil of gold, the color of the moonlight, flashed across the sand.

"Good evening," said the little prince courteously.

"Good evening," said the snake.

"What planet is this on which I have come

down?" asked the little prince.

"This is the Earth; this is Africa," the snake answered.

"Ah! Then there are no people on the Earth?"

"This is the desert. There are no people in the desert. The Earth is large," said the snake.

The little prince sat down on a stone, and raised his eyes toward the sky.

"I wonder," he said, "whether the stars are set alight in heaven so that one day each one of us may find his own again... Look at my planet. It is right there above us. But how far away it is!"

"It is beautiful," the snake said. "What has brought you here?"

"I have been having some trouble with a flower," said the little prince.

"Ah!" said the snake.

And they were both silent.

"Where are the men?" the little prince at last

took up the conversation again.

"It is a little lonely in the desert..."

"It is also lonely among men," the snake said.

The little prince gazed at him for a long time.

"You are a funny animal," he said at last. "You are no thicker than a finger..."

"But I am more powerful than the finger of a king," said the snake.

The little prince smiled.

"You are not very powerful. You haven't even any feet. You cannot even travel..."

"I can carry you farther than any ship could take you," said the snake.

He twined himself around the little prince's ankle, like a golden bracelet.

"Whomever I touch, I send back to the earth from whence he came," the snake spoke again. "But you are innocent and true, and you come from a star..."

"You are a funny animal," he said at last.
"You are no thicker than a finger..."

The little prince made no reply.

"You move me to pity, you are so weak on this Earth made of granite," the snake said. "I can help you, some day, if you grow too homesick for your own planet. I can…"

"Oh! I understand you very well," said the little prince. "But why do you always speak in riddles?"

"I solve them all," said the snake.

And they were both silent.

Chapter 18

The little prince crossed the desert and met with only one flower. It was a flower with three petals, a flower of no account at all.

"Good morning," said the little prince.

"Good morning," said the flower.

"Where are the men?" the little prince asked, politely.

The flower had once seen a caravan passing.

"Men?" she echoed. "I think there are six or seven of them in existence. I saw them, several years ago. But one never knows where to find them. The wind blows them away. They have no roots, and that makes their life very difficult."

"Goodbye," said the little prince.

"Goodbye," said the flower.

Chapter 19

After that, the little prince climbed a high mountain. The only mountains he had ever known were the three volcanoes, which came up to his knees. And he used the extinct volcano as a footstool. "From a mountain as high as this one," he said to himself, "I shall be able to see the whole planet at one glance, and all the people..."

But he saw nothing, save peaks of rock that were sharpened like needles.

"Good morning," he said courteously.

"Good morning,Good morning,Good morning," answered the echo.

"Who are you?" said the little prince.

"Who are you, Who are you, Who are you?" answered the echo.

"Be my friends. I am all alone," he said.

"I am all alone, all alone, all alone," answered the echo.

"What a queer planet!" he thought. "It is altogether dry, and altogether pointed, and altogether harsh and forbidding. And the people have no imagination. They repeat whatever one says to them... On my planet I had a flower; she always was the first to speak..."

*"What a queer planet!" he thought.
"It is altogether dry, and altogether pointed*

Chapter 20

But it happened that after walking for a long time through sand, and rocks, and snow, the little prince at last came upon a road. And all roads lead to the abodes of men.

"Good morning," he said.

He was standing before a garden, all a-bloom with roses.

"Good morning," said the roses.

The little prince gazed at them. They all looked like his flower.

"Who are you?" he demanded, thunderstruck.

"We are roses," the roses said.

And he was overcome with sadness. His flower had told him that she was the only one of her kind in all the universe. And here were five thousand of them, all alike, in one single garden!

"She would be very much annoyed," he said to himself, "if she should see that... she would cough most dreadfully, and she would pretend that she was dying, to avoid being laughed at. And I should be obliged to pretend that I was nursing her back to life, for if I did not do that, to humble myself also, she would really allow herself to die..."

Then he went on with his reflections: "I thought that I was rich, with a flower that was unique in all the world; and all I had was a common rose. A common rose, and three volcanoes that come up to my knees, and one of them perhaps extinct forever... that doesn't make me a very great prince..."

And he lay down in the grass and cried.

And he lay down in the grass and cried.

Chapter 21

It was then that the fox appeared.

"Good morning," said the fox.

"Good morning," the little prince responded politely, although when he turned around he saw nothing.

"I am right here," the voice said, "under the apple tree."

"Who are you?" asked the little prince, and added, "You are very pretty to look at."

"I am a fox," said the fox.

"Come and play with me," proposed the little prince. "I am so unhappy."

"I cannot play with you," the fox said. "I am not tamed."

"Ah! Please excuse me," said the little prince.

But, after some thought, he added: "What does that mean, 'tame'?"

"You do not live here," said the fox. "What is it that you are looking for?"

"I am looking for men," said the little prince. "What does that mean, 'tame'?"

"Men," said the fox. "They have guns, and they hunt. It is very disturbing. They also raise chickens. These are their only interests. Are you looking for chickens?"

"No," said the little prince. "I am looking for friends. What does that mean, 'tame'?"

"It is an act too often neglected," said the fox. It means to establish ties."

"'To establish ties'?"

"Just that," said the fox. "To me, you are still nothing more than a little boy who is just like a hundred thousand other little boys. And I have no need of you. And you, on your part, have no need of me. To you, I am nothing more than a fox like a hundred thousand other foxes. But if you tame me, then we shall need each other. To me, you will be unique in all the world. To you, I shall be unique in all the world…"

"I am beginning to understand," said the little prince. "There is a flower… I think that she has tamed me…"

"It is possible," said the fox. "On the Earth one sees all sorts of things."

"Oh, but this is not on the Earth!" said the little prince.

The fox seemed perplexed, and very curious.

"On another planet?"

"Yes."

"Are there hunters on this planet?"

"No."

"Ah, that is interesting! Are there chickens?"

"No."

"Nothing is perfect," sighed the fox.

But he came back to his idea.

"My life is very monotonous," the fox said. "I hunt chickens; men hunt me. All the chickens are just alike, and all the men are just alike. And, in consequence, I am a little bored. But if you tame me, it will be as if the sun came to shine on my life. I shall know the sound of a step that will be different from all the others. Other steps send me hurrying back underneath the ground. Yours will call me, like music, out of my burrow.

And then look: you see the grain-fields down yonder? I do not eat bread. Wheat is of no use to me. The wheat fields have nothing to say to me. And that is sad. But you have hair that is the colour of gold. Think how wonderful that will be when you have tamed me! The grain, which is also golden, will bring me back the thought of you. And I shall love to listen to the wind in the wheat..."

The fox gazed at the little prince, for a long time.

"Please, tame me!" he said.

"I want to, very much," the little prince replied. "But I have not much time. I have friends to discover, and a great many things to understand."

"One only understands the things that one tames," said the fox. "Men have no more time to understand anything. They buy things all ready made at the shops. But there is no shop anywhere where one can buy friendship, and so men have no friends any more. If you want a friend, tame me…"

"What must I do, to tame you?" asked the little prince.

"You must be very patient," replied the fox. "First you will sit down at a little distance from me, like that, in the grass. I shall look at you out of the corner of my eye, and you will say nothing. Words are the source of misunderstandings. But you will sit a little closer to me, every day…"

The next day the little prince came back.

"It would have been better to come back at the same hour," said the fox. "If, for example, you come at four o'clock in the afternoon, then at three o'clock I shall begin to be happy. I shall feel happier and happier as the hour advances. At four o'clock, I shall already be worrying and jumping about. I shall show you how happy I am! But if you come at just any time, I shall never know at what hour my heart is to be ready to greet you... One must observe the proper rites..."

"What is a rite?" asked the little prince.

"Those also are actions too often neglected," said the fox. "They are what make one day different from other days, one hour from other hours. There is a rite, for example, among my hunters. Every Thursday they dance with the village girls. So Thursday is a wonderful day for me! I can take a walk as far as the vineyards. But if the hunters danced at just any time, every day would be like every other day, and I should never have any vacation at all."

So the little prince tamed the fox. And when the hour of his departure drew near...

"Ah," said the fox, "I shall cry."

"It is your own fault," said the little prince. "I never wished you any sort of harm; but you wanted me to tame you..."

"Yes, that is so," said the fox.

*You come at four o'clock in the afternoon,
then at three o'clock I shall begin to be happy.*

"But now you are going to cry!" said the little prince.

"Yes, that is so," said the fox.

"Then it has done you no good at all!"

"It has done me good," said the fox, "because of the color of the wheat fields." And then he added:

"Go and look again at the roses. You will understand now that yours is unique in all the world. Then come back to say goodbye to me, and I will make you a present of a secret."

The little prince went away, to look again at the roses.

"You are not at all like my rose," he said. "As yet you are nothing. No one has tamed you, and you have tamed no one. You are like my fox when I first knew him. He was only a fox like a hundred thousand other foxes. But I have made him my friend, and now he is unique in all the world."

And the roses were very much embarrassed.

"You are beautiful, but you are empty," he went on. "One could not die for you. To be sure, an ordinary passerby would think that my rose looked just like you, the rose that belongs to me. But in herself alone she is more important than all the hundreds of you other roses: because it is she that I have watered; because it is she that I have put under the glass globe; because it is she that I have sheltered behind the screen; because it is for her that I have killed the caterpillars (except the two or three that we saved to become butterflies); because it is she that I have listened to, when she grumbled, or boasted, or even sometimes when she said nothing. Because she is my rose.

And he went back to meet the fox.

"Goodbye," he said.

"Goodbye," said the fox. "And now here is my secret, a very simple secret: It is only with the heart that one can see rightly; what is essential is invisible to the eye."

"What is essential is invisible to the eye," the little prince repeated, so that he would be sure to remember.

"It is the time you have wasted for your rose that makes your rose so important."

"It is the time I have wasted for my rose..." said the little prince, so that he would be sure to remember.

"Men have forgotten this truth," said the fox. "But you must not forget it. You become responsible, forever, for what you have tamed. You are responsible for your rose..."

"I am responsible for my rose," the little prince repeated, so that he would be sure to remember.

Chapter 22

"Good morning," said the little prince.

"Good morning," said the railway switchman.

"What do you do here?" the little prince asked.

"I sort out travelers, in bundles of a thousand," said the switchman. "I send off the trains that carry them; now to the right, now to the left."

And a brilliantly lighted express train shook the switchman's cabin as it rushed by with a roar like thunder.

"They are in a great hurry," said the little prince. "What are they looking for?"

"Not even the locomotive engineer knows that," said the switchman.

And a second brilliantly lighted express thundered by, in the opposite direction.

"Are they coming back already?" demanded the little prince.

"These are not the same ones," said the switchman. "It is an exchange."

"Were they not satisfied where they were?" asked the little prince.

"No one is ever satisfied where he is," said the switchman.

And they heard the roaring thunder of a third brilliantly lighted express.

"Are they pursuing the first travelers?" demanded the little prince.

"They are pursuing nothing at all," said the switchman. "They are asleep in there, or if they are not asleep they are yawning. Only the children are flattening their noses against the windowpanes."

"Only the children know what they are looking for," said the little prince. "They waste their time over a rag doll and it becomes very important to them; and if anybody takes it away from them, they cry..."

"They are lucky," the switchman said.

Chapter 23

"Good morning," said the little prince.

"Good morning," said the merchant.

This was a merchant who sold pills that had been invented to quench thirst. You need only

swallow one pill a week, and you would feel no need of anything to drink.

"Why are you selling those?" asked the little prince.

"Because they save a tremendous amount of time," said the merchant. "Computations have been made by experts. With these pills, you save fifty-three minutes in every week."

"And what do I do with those fifty-three minutes?"

"Anything you like..."

"As for me," said the little prince to himself, "if I had fifty-three minutes to spend as I liked, I should walk at my leisure toward a spring of fresh water."

Chapter 24

It was now the eighth day since I had had my accident in the desert, and I had listened to the story of the merchant as I was drinking the last drop of my water supply.

"Ah," I said to the little prince, "these memories of yours are very charming; but I have not yet succeeded in repairing my plane; I have nothing more to drink; and I, too, should be very happy if I could walk at my leisure toward a spring of fresh water!"

"My friend the fox..." the little prince said to me.

"My dear little man, this is no longer a matter that has anything to do with the fox!"

"Why not?"

"Because I am about to die of thirst..."

He did not follow my reasoning, and he answered me:

"It is a good thing to have had a friend, even if one is about to die. I, for instance, am very glad to have had a fox as a friend..."

"He has no way of guessing the danger," I said to myself. "He has never been either hungry or thirsty. A little sunshine is all he needs..."

But he looked at me steadily, and replied to my thought:

"I am thirsty, too. Let us look for a well..."

I made a gesture of weariness. It is absurd to look for a well, at random, in the immensity of the desert. But nevertheless we started walking.

When we had trudged along for several hours, in silence, the darkness fell, and the stars began to come out. Thirst had made me a little feverish, and I looked at them as if I were in a dream. The little prince's last words came reeling back into my memory:

"Then you are thirsty, too?" I demanded.

But he did not reply to my question. He merely said to me:

"Water may also be good for the heart..."

I did not understand this answer, but I said nothing. I knew very well that it was impossible to cross-examine him.

He was tired. He sat down. I sat down beside him. And, after a little silence, he spoke again:

"The stars are beautiful, because of a flower that cannot be seen."

I replied, "Yes, that is so." And, without saying anything more, I looked across the ridges of sand that were stretched out before us in the moonlight.

"The desert is beautiful," the little prince

added.

And that was true. I have always loved the desert. One sits down on a desert sand dune, sees nothing, hears nothing. Yet through the silence something throbs, and gleams...

"What makes the desert beautiful," said the little prince, "is that somewhere it hides a well..."

I was astonished by a sudden understanding of that mysterious radiation of the sands. When I was a little boy I lived in an old house, and legend told us that a treasure was buried there. To be sure, no one had ever known how to find it; perhaps no one had ever even looked for it. But it cast an enchantment over that house. My home was hiding a secret in the depths of its heart...

"Yes," I said to the little prince. "The house, the stars, the desert, what gives them their beauty is something that is invisible!"

"I am glad," he said, "that you agree with my

fox."

As the little prince dropped off to sleep, I took him in my arms and set out walking once more. I felt deeply moved, and stirred. It seemed to me that I was carrying a very fragile treasure. It seemed to me, even, that there was nothing more fragile on all Earth. In the moonlight I looked at his pale forehead, his closed eyes, his locks of hair that trembled in the wind, and I said to myself: "What I see here is nothing but a shell. What is most important is invisible…"

As his lips opened slightly with the suspicious of a half-smile, I said to myself, again: "What moves me so deeply, about this little prince who is sleeping here, is his loyalty to a flower, the image of a rose that shines through his whole being like the flame of a lamp, even when he is asleep…" And I felt him to be more fragile still. I felt the need of protecting him, as if he himself were a flame that might be extin-

guished by a little puff of wind...
_{한 줄기 작은 바람}

And, as I walked on so, I found the well, at daybreak.
_{동이 틀 때}

Chapter 25

"Men," said the little prince, "set out on their way in express trains, but they do not know what they are looking for. Then they rush about, and get excited, and turn round and round..."

And he added:

"It is not worth the trouble..."

The well that we had come to was not like the wells of the Sahara. The wells of the Sahara are mere holes dug in the sand. This one was like a well in a village. But there was no village here, and I thought I must be dreaming...

*He laughed, touched the rope,
and set the pulley to working.*

"It is strange," I said to the little prince. "Everything is ready for use: the pulley, the bucket, the rope..."

He laughed, touched the rope, and set the pulley to working. And the pulley moaned, like an old weathervane which the wind has long since forgotten.

"Do you hear?" said the little prince. "We have wakened the well, and it is singing..."

I did not want him to tire himself with the rope.

"Leave it to me," I said. "It is too heavy for you."

I hoisted the bucket slowly to the edge of the well and set it there, happy, tired as I was, over my achievement. The song of the pulley was still in my ears, and I could see the sunlight shimmer in the still trembling water.

"I am thirsty for this water," said the little prince. "Give me some of it to drink..."

And I understood what he had been looking for.

I raised the bucket to his lips. He drank, his eyes closed. It was as sweet as some special festival treat. This water was indeed a different thing from ordinary nourishment. Its sweetness was born of the walk under the stars, the song of the pulley, the effort of my arms. It was good for the heart, like a present. When I was a little boy, the lights of the Christmas tree, the music of the Midnight Mass, the tenderness of smiling faces, used to make up, so, the radiance of the gifts I received.

"The men where you live," said the little prince, "raise five thousand roses in the same garden, and they do not find in it what they are looking for."

"They do not find it," I replied.

"And yet what they are looking for could be found in one single rose, or in a little water."

"Yes, that is true," I said.

And the little prince added:

"But the eyes are blind. One must look with the heart..."

I had drunk the water. I breathed easily. At sunrise the sand is the color of honey. And that honey color was making me happy, too. What brought me, then, this sense of grief?

"You must keep your promise," said the little prince, softly, as he sat down beside me once more.

"What promise?"

"You know, a muzzle for my sheep... I am responsible for this flower..."

I took my rough drafts of drawings out of my pocket. The little prince looked them over, and laughed as he said:

"Your baobabs, they look a little like cabbages."

"Oh!"

I had been so proud of my baobabs!

"Your fox, his ears look a little like horns; and they are too long."

And he laughed again.

"You are not fair, little prince," I said. "I don't know how to draw anything except boa constrictors from the outside and boa constrictors from the inside."

"Oh, that will be all right," he said, "children understand."

So then I made a pencil sketch of a muzzle. And as I gave it to him my heart was torn.

"You have plans that I do not know about," I said.

But he did not answer me. He said to me, instead:

"You know, my descent to the earth... Tomorrow will be its anniversary."

Then, after a silence, he went on:

"I came down very near here."

And he flushed.

And once again, without understanding why, I had a queer sense of sorrow. One question, however, occurred to me:

"Then it was not by chance that on the morning when I first met you, a week ago, you were strolling along like that, all alone, a thousand miles from any inhabited region? You were on the your back to the place where you landed?"

The little prince flushed again.

And I added, with some hesitancy:

"Perhaps it was because of the anniversary?"

The little prince flushed once more. He never answered questions, but when one flushes does that not mean "Yes"?

"Ah," I said to him, "I am a little frightened..."

But he interrupted me.

"Now you must work. You must return to your engine. I will be waiting for you here. Come back tomorrow evening..."

But I was not reassured. I remembered the fox. One runs the risk of weeping a little, if one lets himself be tamed...

안심이 되지 않았다

Chapter 26

Beside the well there was the ruin of an old stone wall. When I came back from my work, the next evening, I saw from some distance away my little price sitting on top of a wall, with his feet dangling. And I heard him say:

"Then you don't remember. This is not the exact spot."

Another voice must have answered him, for he replied to it:

"Yes, yes! It is the right day, but this is not the place."

"Now go away," said the little prince.

I continued my walk toward the wall. At no time did I see or hear anyone. The little prince, however, replied once again:

"...Exactly. You will see where my track begins, in the sand. You have nothing to do but wait for me there. I shall be there tonight."

I was only twenty metres from the wall, and I still saw nothing.

After a silence the little prince spoke again:

"You have good poison? You are sure that it will not make me suffer too long?"

I stopped in my tracks, my heart torn asunder; but still I did not understand.

"Now go away," said the little prince. "I want to get down from the wall."

I dropped my eyes, then, to the foot of the wall, and I leaped into the air. There before me, facing the little prince, was one of those yellow snakes that take just thirty seconds to bring your life to an end. Even as I was digging into my pocked to get out my revolver I made a running step back. But, at the noise I made, the snake let himself flow easily across the sand like the dying spray of a fountain, and, in no apparent hurry, disappeared, with a light metallic sound, among the stones.

I reached the wall just in time to catch my little man in my arms; his face was white as snow.

"What does this mean?" I demanded. "Why are you talking with snakes?"

I had loosened the golden muffler that he always wore. I had moistened his temples, and had given him some water to drink. And now I did not dare ask him any more questions. He looked at me very gravely, and put his arms around my neck. I felt his heart beating like the heart of a dying bird, shot with someone's rifle...

"I am glad that you have found what was the matter with your engine," he said. "Now you can go back home…"

"How do you know about that?"

I was just coming to tell him that my work had been successful, beyond anything that I had dared to hope.

He made no answer to my question, but he added:

"I, too, am going back home today…"

Then, sadly…

"It is much farther… it is much more difficult…"

I realised clearly that something extraordinary was happening. I was holding him close in my arms as if he were a little child; and yet it seemed to me that he was rushing headlong toward an abyss from which I could do nothing to restrain him…

His look was very serious, like some one lost far away.

"I have your sheep. And I have the sheep's

box. And I have the muzzle…"

And he gave me a sad smile.

I waited a long time. I could see that he was reviving little by little.

"Dear little man," I said to him, "you are afraid…"

He was afraid, there was no doubt about that. But he laughed lightly.

"I shall be much more afraid this evening…"

Once again I felt myself frozen by the sense of something irreparable. And I knew that I could not bear the thought of never hearing that laughter any more. For me, it was like a spring of fresh water in the desert.

"Little man," I said, "I want to hear you laugh again."

But he said to me:

"Tonight, it will be a year… my star, then, can be found right above the place where I came to the Earth, a year ago…"

"Little man," I said, "tell me that it is only a bad dream, this affair of the snake, and the meeting-place, and the star..."

But he did not answer my plea. He said to me, instead: "The thing that is important is the thing that is not seen..."

"Yes, I know..."

"It is just as it is with the flower. If you love a flower that lives on a star, it is sweet to look at the sky at night. All the stars are a-bloom with flowers..."

"Yes, I know..."

"It is just as it is with the water. Because of the pulley, and the rope, what you gave me to drink was like music. You remember, how good it was."

"Yes, I know..."

"And at night you will look up at the stars. Where I live everything is so small that I cannot show you where my star is to be found. It is better, like that. My star will just be one of the stars, for you. And so you will love to watch all the stars in the heavens... they will all be your friends. And, besides, I am going to make you a present..."

He laughed again.

"Ah, little prince, dear little prince! I love to hear that laughter!"

"That is my present. Just that. It will be as it was when we drank the water..."

"What are you trying to say?"

"All men have the stars," he answered, "but

they are not the same things for different people. For some, who are travelers, the stars are guides. For others they are no more than little lights in the sky. For others, who are scholars, they are problems. For my businessman they were wealth. But all these stars are silent. You, you alone, will have the stars as no one else has them..."

"What are you trying to say?"

"In one of the stars I shall be living. In one of them I shall be laughing. And so it will be as if all the stars were laughing, when you look at the sky at night... you, only you, will have stars that can laugh!" And he laughed again.

"And when your sorrow is comforted (time soothes all sorrows) you will be content that you have known me. You will always be my friend. You will want to laugh with me. And you will sometimes open your window, so, for that pleasure... and your friends will be properly astonished to see you laughing as you look up at the sky! Then you will say to them, 'Yes, the stars always make me laugh!' And they will think you are crazy. It will be a very shabby trick that I shall have played on you..."

And he laughed again.

"It will be as if, in place of the stars, I had given you a great number of little bells that knew how to laugh..."

And he laughed again. Then he quickly became serious:

"Tonight, you know... do not come," said the little prince.

"I shall not leave you," I said.

"I shall look as if I were suffering. I shall look a little as if I were dying. It is like that. Do not come to see that. It is not worth the trouble..."

"I shall not leave you."

But he was worried.

"I tell you, it is also because of the snake. He must not bite you. Snakes, they are malicious creatures. This one might bite you just for fun..."

"I shall not leave you."

But a thought came to reassure him:

"It is true that they have no more poison for a second bite."

That night I did not see him set out on his way. He got away from me without making a sound. When I succeeded in catching up with him he was walking along with a quick and resolute step. He said to me merely:

"Ah! You are there..."

And he took me by the hand. But he was still worrying.

"It was wrong of you to come. You will suffer. I shall look as if I were dead; and that will not be true..."

I said nothing.

"You understand... it is too far. I cannot carry this body with me. It is too heavy."

I said nothing.

"But it will be like an old abandoned shell. There is nothing sad about old shells..."

I said nothing.

He was a little discouraged. But he made one more effort:

"You know, it will be very nice. I, too, shall look at the stars. All the stars will be wells with a rusty pulley. All the stars will pour out fresh water for me to drink..."

I said nothing.

"That will be so amusing! You will have five hundred million little bells, and I shall have five hundred million springs of fresh water..."

And he too said nothing more, becuase he was crying...

"Here it is. Let me go on by myself."

And he sat down, because he was afraid. Then he said, again:

"You know, my flower... I am responsible for her. And she is so weak! She is so naïve! She has four thorns, of no use at all, to protect herself against all the world..."

I too sat down, because I was not able to stand up any longer.

"There now, that is all..."

He still hesitated a little; then he got up. He took one step. I could not move.

There was nothing but a flash of yellow close to his ankle. He remained motionless for an instant. He did not cry out. He fell as gently as a tree falls. There was not even any sound, because of the sand.

He fell as gently as a tree falls.
There was not even any sound, because of the sand.

Chapter 27

And now six years have already gone by... I have never yet told this story. The companions who met me on my return were well content to see me alive. I was sad, but I told them: "I am tired."

Now my sorrow is comforted a little. That is to say, not entirely. But I know that he did go back to his planet, because I did not find his body at daybreak. It was not such a heavy body... and at night I love to listen to the stars. It is like five hundred million little bells...

But there is one extraordinary thing... when

I drew the muzzle for the little prince, I forgot to add the leather strap to it. He will never have been able to fasten it on his sheep. So now I keep wondering: what is happening on his planet? Perhaps the sheep has eaten the flower...

At one time I say to myself: "Surely not! The little prince shuts his flower under her glass globe every night, and he watches over his sheep very carefully..." Then I am happy. And there is sweetness in the laughter of all the stars.

But at another time I say to myself: "At some moment or other one is absent-minded, and that is enough! On some one evening he forgot the glass globe, or the sheep got out, without making any noise, in the night..." And then the little bells are changed to tears...

Here, then, is a great mystery. For you who also love the little prince, and for me, nothing in the universe can be the same if somewhere, we do not know where, a sheep that we never saw has, yes or no?, eaten a rose...

Look up at the sky. Ask yourselves: is it yes or no? Has the sheep eaten the flower? And you will see how everything changes...

And no grown-up will ever understand that this is a matter of so much importance!

This is, to me, the loveliest and saddest landscape in the world. It is the same as that on the preceding page, but I have drawn it again to impress it on your memory. It is here that the little prince appeared on Earth, and disappeared.

Look at it carefully so that you will be sure to recognise it in case you travel some day to the African desert. And, if you should come upon this spot, please do not hurry on. Wait for a time, exactly under the star. Then, if a little man appears who laughs, who has golden hair and who refuses to answer questions, you will know who he is. If this should happen, please comfort me. Send me word that he has come back. ***

생텍쥐페리 연표

1900년 6월 29일 프랑스 리옹의 귀족 집안에서 출생
1904년 부친 사망
1912년 르망으로 이사 후 노틀담 드 생크루아 학교 입학
1914년 빌프랑슈 쉬르손 시의 몽그레 중학교에 입학한 후 3개월 뒤 프리브루의 마리아니스트 수도회의 중학교로 전학
1917년 해군학교 입학을 위해 보슈에와 생 루이 고등학교에서 공부하고, 바칼로레아(대학입학자격 시험)에 합격
1919년 해군학교 1차시험에 합격하지만 구술시험에서 낙방. 파리 미술학교 건축학과 건축학교에 입학하여 15개월간 공부
1921년 입대하여 스트라스부르 제2배행연대에 조종술 훈련을 받고 모로코의 제37비행연대에서 민간인 조종사 면허 취득
1923년 소위로 제대한 후 회사 생활을 하면서 비행기 조종은 취미로 하고 루이즈 드 빌모렝과 약혼
1925년 이모가 운영하는 파리의 레스토랑에서 앙드레 지드, 장 프레보와 친분을 맺음
1926년 장 프레보의 주선으로 '남방 우편기'의 초고에 해당하는 단편소설 '비행사'를 '나비르 다르장' 잡지에 발표. 라테코에르(민간항공사)에 입사하여 아프리카와 남대서양 및 남미를 통과하는 항공우편 항로 개척에 공헌
1929년 프랑스로 귀국하여 '남방 우편기' 발표

📚 나만의 리뷰 and 명문장

한글 요약본

요약본은 영문과 완전히 일치하지 않을 수도 있습니다. 전체 내용은 줄거리를 이해하는 데 도움이 되도록 구성하였으니 영문을 읽기 전이나 후에 읽어 보시기 바랍니다.

1

나는 여섯 살 때 '대자연의 실화'라는 원시림에 관한 책에서 신기한 그림을 보았다. 그것은 동물 먹이를 삼키려는 보아뱀 그림이었다. 이 그림은 그것을 그대로 따라 그려본 것이다.

책에는 이렇게 적혀 있었다. '보아뱀은 먹이를 씹지 않고 통째로 삼켜버린다. 그러고는 움직이지 않고 소화시키기 위해 6개월이나 잠을 잔다.'

그래서 나는 정글의 모험에 대해 생각해 보고 나서 나의 첫 번째 그림 작품을 완성시켰다. 이것을 내 그림 제1호라고 하자. 바로 이 그림이다.

내 걸작을 어른들에게 보여주면서 혹시 그림이 무섭지는 않느냐고 물어봤다. 하지만 그들은 "모자가 왜 무섭다는 거냐?"라고 대답했다.

그것은 모자 그림이 아니었다. 코끼리를 소화시키고 있는 보아뱀이었다.

그래서 어른들도 이해할 수 있도록 보아뱀의 내부를 그려보았다. 어른들에겐 언제나 설명을 해줘야 한다. 내 그림 제2호는 이렇게 되어 있다.

이에 대한 어른들의 대답은, 뱃속이 보이거나 안 보이는 보아뱀 그림은 때려치우고 지리·역사·수학 그리고 문법 같은 과목에 관심을 가져보라고 충고해 주는 것이었다. 그래서 나는 여섯 살 나이에 화가라는 멋진 직업을 단념해야만 했다. 내 그림 제1호와 제2호가 실패한 데에 실망을 하고 만 것이다. 어른들은 스스로 이해하지 못한다. 언제나 어린이가 설명을 해줘야 하니 여간 피곤한 노릇이 아니다.

그래서 나는 다른 직업을 선택하였고, 비행기 조종법을 배워서 세계 도처를 날아다녔다. 그래서 어른의 충고대로 지리학은 아주 큰 도움이 되었다. 말하자면 중국과 애리조나를 한눈에 구별할 줄 알게 된 것이다. 야간 비행 시 길을 잃었을 때 그런 지식은 대단히 도움이 되었다.

나는 지금까지 중요한 일에 종사하는 수많은 사람들을 만나보았다. 어른들 사이에서 살아왔고 가까이에서 그들과 친밀하게 접촉했다. 하지만 어른들에 대한 나의 생각은 별로 달라지지 않았다.

어쩌다 똑똑해 보이는 사람을 만나면 나는 항시 갖고 있던 그림 제1호를 꺼내어 보여주고 그 사람을 시험해 보았다. 그 사람이 정말로 통찰력이 있는지 알고 싶었던 것이다. 그러나 상대가 남자든 여자든, 내가 듣는 대답은 "그건 모자잖아요."였다.

그러면 나는 그에게 보아뱀이나 원시림 그리고 별들에 관해 이야기하지 않았다. 나는 대화 수준을 그 사람에게 맞도록 낮춰 브리지 게임(일종의 카드게임)이나 골프, 정치, 넥타이 따위를 말했다. 그러면 그들은 아주 교양 있는 사람을 만났다면서 엄청 유쾌해 했다.

2

그래서 나는 6년 전 사하라 사막에서 비행기 사고를 당하기까지 마음을 터놓고 허심탄회하게 대화할 수 있는 상대를 만나보지 못하고 쓸쓸하게 살아왔다. 그때 비행기의 어떤 부분이 고장을 일으키고 말았다. 기내엔 정비사도 승객도 아무도 없었으니 나는 혼자서 수리를 시도해 보았다. 그것은 나에게 목숨이 걸린 문제였다. 내겐 일주일간 마실 물밖에는 없었던 것이다.

불시착 첫날밤 나는 사람이 사는 지역에서 1,600킬로미터나 떨어진 사막에서 잠이 들었다. 대양 한가운데에서 난파되어 뗏목을 탄 사람보다 더 고립된 상황이었다. 그런데 동이 틀 무렵,

이상한 목소리가 나를 잠에서 깨웠을 때 내가 얼마나 놀랐을지 상상이 갈 것이다. 그 목소리는 이렇게 말했다.

"내게 양을 한 마리 그려 줘요."

"뭐라고?"

"양을 그려 달라고요."

나는 깜짝 놀라 벌떡 일어섰다. 눈을 비비고 주위를 둘러보았다. 아주 이상하게 생긴 작은 아이가 나를 심각한 표정으로 지켜보며 서 있는 것이었다. 훗날 내가 그를 그린 그림 중에서 가장 잘된 것이 여기 있다. 하지만 내 그림은 실물보다는 확실히 매력이 떨어진다. 그것은 내 잘못만은 아니다. 여섯 살 때 화가로서의 나의 꿈은 어른들에 의해 좌절되었기 때문이다. 나는 뱃속이 보이거나 안 보이는 보아뱀 말고는 아무것도 그려 본 적이 없었다.

어쨌든 나는 눈을 휘둥그레 뜨고 이 유령 같은 아이를 바라보았다. 내가 사람이 사는 지역에서 1,600킬로미터나 떨어져 있었다는 사실을 기억해 주길 바란다. 그런데 이 꼬마는 길을 잃은 것처럼 보이지도 않았고, 피곤하거나 배고프거나 목이 마른 것 같지도 않았다. 사람이 사는 지역에서 1,600킬로미터나 떨어진 사막 한가운데에서 길을 잃은 기색이라곤 찾아볼 수 없었다. 나는 가까스로 정신을 차리고 말을 걸었다.

"너는… 여기에서 뭐 하는 거니?"

그러자 아이는 천천히 그리고 나지막하게 말을 되풀이했다.

"부탁이에요… 양을 한 마리 그려 줘요."

신비로운 상황이 너무나 압도적인 경우에는 아무도 감히 거역하지 못하는 법이다. 사람 사는 마을에서 수천 킬로 떨어진 사막에서 죽음의 위험을 걱정해야 하는 와중에, 물론 엉뚱한 짓이라고 생각하기는 했지만 나는 주머니에서 종이와 만년필을 꺼냈다. 그러나 내가 공부한 것은 지리·역사·수학·문법이라는 사실이 생각나서, 나는 아이에게 그림을 그릴 줄 모른다고 발뺌했다. 아이는 대답했다.

"상관없어요. 양을 그려 줘요."

양은 그려 본 적은 없었으므로 나는 일단 전에 그렸던 두 가지 그림 중 하나를 그려 주었다. 겉만 보이는 보아뱀 말이다. 그런데 나는 어린 친구의 반응에 깜짝 놀라고 말았다.

"아니, 이거 말고요. 보아뱀이 코끼리를 삼킨 그림은 필요 없어요. 보아뱀은 아주 위험해요. 그리고 코끼리는 너무 커서 거추장스러워요. 내가 사는 곳은 모든 것이 아주 조그마해요. 내가 원하는 건 양이에요. 양을 그려 줘요."

그래서 나는 양을 그려 줬다. 그는 가만히 바라보더니 말했다.

"안 돼요! 이 양은 이미 병들었어요. 다시 그려 줘요."

그래서 나는 다시 그렸다. 꼬마 친구는 상냥하고 너그러운 미소를 보였다.

"살 봐요. 이건 양이 아니라 염소에요. 뿔이 있으니까."

그래서 난 다시 양을 그렸다. 그러나 그것도 역시 퇴짜를 맞고 말았다.

"이건 너무 늙었네요. 난 오래 살 양을 갖고 싶어요."

이제 슬슬 내 인내심도 바닥을 드러내고 말았다. 왜냐하면 서둘러 비행기를 수리해야만 했기 때문이다. 그래서 그림을 대충 끄적거려 놓고 한 마디 던졌다.

"이건 그냥 상자란다. 네가 원하는 양은 그 안에 있어."

어린 재판관의 얼굴이 환해지는 걸 보고 나는 깜짝 놀랐다.

"바로 이게 내가 원했던 거예요! 양에게 풀을 많이 줘야 할까요?"

"왜 묻는데?"

"내가 사는 곳은 모든 게 아주 작거든요."

"그놈에겐 풀이 충분할 거야. 내가 준 건 아주 어린 양이니까."

그는 다시 그림을 들여다보았다.
"그렇게 작지도 않은데요. 이거 봐요! 잠들었네."
이렇게 해서 나는 어린 왕자와 아는 사이가 된 것이다.

3

그가 어디서 왔는지 내가 알게 되는 데는 긴 시간이 걸렸다. 어린 왕자는 내게 수많은 질문을 던지면서도 내 질문에는 전혀 관심을 보여주지 않았다. 그가 우연히 흘리는 말을 들으며 나는 조금씩 그의 모든 것을 알게 되었다. 예를 들면 내 비행기를 처음 봤을 때(비행기는 그리지 않겠다. 너무 복잡한 기계니까) 그는 이렇게 물었다.

"저 물건이 뭔가요?"

"그건 물건이 아니야. 하늘을 나는 비행기란다. 내 비행기야."

내가 날 수 있다는 것을 그에게 일러주면서 나는 어깨가 으쓱해졌다. 그러자 그가 큰소리로 외치는 게 아닌가.

"뭐라고요! 당신이 하늘에서 떨어졌다고요?"

"그래 맞아." 나는 가만히 대답했다.

"야아! 재미있네."

그리고는 어린 왕자가 천진난만하게 웃음을 터뜨린 것이 무척 내 신경을 건드렸다. 나는 내 불행을 진지하게 걱정해 주길 바랐던 것이다.

"그럼 당신도 하늘에서 왔다는 얘기네요! 어느 별에서 왔어요?"

그때 나는 어린 왕자의 비밀을 이해하는 데 한 줄기 단서를 발견하고 불쑥 물어보았다.

"너는 다른 별에서 온 거구나?"

그러나 그는 역시 대답하지 않았다. 그의 시선이 내 비행기에 고정된 채 부드럽게 고개를 들었다.

"저걸 타고선 그다지 먼 곳에서 온 것은 아니겠군……"

그리고 한동안 깊은 생각에 잠겼다가, 주머니에서 내가 그려준 그림을 꺼내어 보물처럼 골똘히 들여다보았다. '다른 별'이라는, 그가 내비친 비밀에 대해 내 호기심이 얼마나 자극받았을지 여러분은 충분히 이해할 수 있을 것이다.

"어린 친구, 넌 어디서 왔지? '내가 사는 곳'이란 도대체 어디냐? 네 양을 어디로 데려가려는 거니?"

그는 묵묵히 생각에 잠겨 있다가 대답했다.

"아저씨가 준 상자가 밤에는 양의 집으로 쓸 수 있으니까 잘 됐어."

"그렇지. 그리고 네가 착하게 굴면 낮에 양을 묶어 놓을 수 있는 끈과 말뚝도 그려주지."

하지만 어린 왕자는 이 제안에 충격을 받은 것 같았다.

"묶어 놓는다고요? 아주 이상한 생각이군요!"

"묶어 놓지 않으면 어딘가 가버려서 길을 잃을 수도 있어."

그러자 어린 친구는 다시 웃음을 터뜨렸다.

"양이 어딜 간다고 생각하는 거예요?"

"어디라도. 앞으로 쭉……."

그랬더니 어린 왕자는 진지한 얼굴로 말했다.

"걱정 없어요. 내가 사는 곳은 모든 것이 아주 작으니까요!"

그리고 나서 좀 슬픈 분위기로 다시 말했다.

"앞으로 쭉 가더라도 멀리 갈 수는 없어요."

4

이렇게 나는 아주 중요한 다른 사실을 알게 되었다. 즉, 그가 살던 별이 불과 집 한 채 정도의 크기라는 것이다!

그것은 내게 그다지 놀라운 일은 아니었다. 지구·목성·화성·금성처럼 어엿한 이름을 붙인 행성 말고도 수많은 다른 별들이 있는데 어떤 것들은 너무 작아서 망원경으로도 보이지 않는다는 것을 나는 잘 알고 있었던 것이다. 천문학자가 그런 별을 발견하면 이름 대신 번호를 붙여준다. 예를 들면, '소행성 325호'라고 붙이는 것이다.

나는 어린 왕자가 살던 별이 소행성 B-612호라고 믿으며 또 상당한 근거도 가지고 있다. 그 행성은 딱 한 번 1909년에 터키의 천문학자에 의해서 망원경에 포착된 일이 있다.

이 천문학자는 국제 천문 학회에서 자신의 발견을 훌륭히 증명해 보였다. 그러나 그가 입은 터키 전통의상 때문에 아무도 그의 말을 믿지 않았다. 어른들이란 이런 식이다.

그런데 이후 터키의 독재자가 국민들에게 서구식 의복을 입지 않으면 사형에 처한다는 법을 만든 것은 소행성 B-612호의 명성을 위해서는 다행스러운 일이었다. 그래서 이 천문학자는 1920년에 아주 깔끔한 양복을 입고 다시 증명해 보였다. 그러자 이번에는 모두가 그의 주장을 인정했다. 내가 소행성 B-612호에 관해서 이렇게까지 자세하게 이야기하고 그 번호까지 거론하는 것은 어른들 때문이다.

어른들은 숫자를 좋아한다. 예를 들면 어른에게 새로 사귄 친구에 대해 이야기를 하면 그들은 가장 본질적인 것을 물어보는 일은 없다.

"그 애 목소리는 어떠니? 친구가 제일 좋아하는 놀이는 뭐지? 나비를 수집하니?"

그들은 절대 이런 질문을 하지 않는다. 대신에, "나이가 몇

살이지? 형제는 몇 명이고? 체중은 얼마나 나가니? 아버지는 돈을 얼마나 벌어?"라고 묻는다. 이런 숫자를 통해 그 친구를 파악했다고 생각하는 것이다. 만약 어른들에게 "창문에는 예쁜 제라늄 화분이 있고 지붕에는 비둘기가 앉아 있는 장밋빛 벽돌집을 봤어요."라고 말하면 그들은 그 집에 관해 아무런 단서도 얻지 못한다. 그러니까 그들에게는 "십만 프랑 짜리 집을 봤어요."라고 말해야 한다. 그러면 그들은 "어이쿠, 정말 굉장한 집이구나!"라고 감탄한다.

그러므로 "어린 왕자가 존재했다는 증거로 그는 매력적이었고, 잘 웃었고, 양 한 마리를 갖고 싶어 했어. 누군가 양을 갖고 싶어 한다면 그게 바로 그가 존재한다는 증거야."라고 이야기한들 그게 어른들에게 무슨 소용이 있겠는가? 그들은 어깨를 으쓱 올려 보이고는 당신을 어린아이 취급할 것이다. 하지만 "어린 왕자는 소행성 B-612호에서 왔어요."라고 말하면 이해를 하고 더 이상 귀찮게 질문하지도 않을 것이다.

어른들은 그런 속성이 있다. 그렇다고 그들을 나쁘게 생각해서는 안 된다. 어린이는 어른을 항상 너그럽게 대해야만 한다. 하지만 인생을 진정으로 이해한다면 숫자는 그렇게 중요한 것이 아니다. 나는 이 이야기를 동화처럼 이렇게 이야기하고 싶었다.

"옛날에 어린 왕자가 자기 몸보다 좀 클까 말까 한 작은 별에서 살고 있었어요. 그는 양을 갖고 싶었답니다."

인생을 이해하는 사람들에겐 이런 이야기가 훨씬 더 진실된 느낌을 주었을 것이다. 사람들이 내 책을 가볍게 읽고 잊는 것을 내가 원치 않기 때문이다. 이 추억을 회고하면서 나는 깊은 슬픔과 마주해야 했다. 나의 친구가 양을 데리고 떠나가 버린 지도 어느새 6년이 흘렀다. 내가 여기 친구 이야기를 열심히 말하는 것은 그를 잊지 않기 위해서이다. 친구를 잊는다는 것은 슬픈 일이니까. 누구나 친구를 갖고 있는 것은 아니다. 그리고 내가 그를 잊어버린다면, 나도 숫자밖에는 관심이 없는 어른이 되고 말 것이다.

　내가 그림물감 한 상자와 연필을 산 것도 역시 그런 이유 때문이었다. 여섯 살 때, 보아뱀의 겉과 뱃속 이외에는 그려 본 일이 없는 사람이, 이 나이에 다시 그림을 그린다는 것은 어려운 일이다. 물론 나는 나름대로 어린 왕자의 실물에 가깝게 그리려고 노력할 것이다. 하지만 성공할 것이라는 자신은 없다. 어떤 그림은 괜찮은 편인데 어떤 그림은 별로 닮지 않았다. 어린 왕자의 키도 어떤 그림은 너무 크고 다른 그림에선 너무 작은 식으로 실수를 저질렀다. 그의 옷 색상에 대해서도 역시 자신이 없다. 그래서 나는 성공과 실패를 반복하면서 어렵게 그리겠지만 대체로 괜찮기를 바란다.

　그런데 어떤 중요한 장면에서 잘못 그릴 수도 있다. 하지만 그것은 내 잘못이 아니다. 내 친구는 어떤 것도 설명해준 적이 없었기 때문이다. 친구는 아마 내가 자신과 비슷하다고 생각했던 것 같다. 그러나 유감스럽게도 나는 상자 속에 있는 양을 볼 수 있는 능력이 없다. 나도 이제 나이를 먹어서 어느 정도는 어른들과 비슷해진 것일지도 모르겠다.

5

　날짜가 며칠 지나가면서 어린 왕자가 하는 이야기를 들으며, 그의 별과 거기서 떠나게 된 사연을 조금씩 알게 되었다. 그의 이야기에 그의 생각이 우연히 흘러나온 것이라 나는 사실을 아주 천천히 알 수밖에 없었다. 사흘째 되는 날 나는 그런 식으로 바오밥나무의 비극을 듣게 되었다.

　이번에도 내가 그려준 양의 도움을 받았다. 심각한 의문에 사로잡힌 어린 왕자가 갑자기 내게 물었다.

"양이 작은 나무를 먹는다는 게 사실이에요?"

"그럼! 정말이지."

"아! 참 잘됐네!"

양이 작은 나무를 먹는다는 게 왜 그렇게 중요한 일인지 나는 알 수 없었다. 그러나 어린 왕자는 말을 이었다.

"그럼 바오밥나무도 먹겠네요?"

나는 어린 왕자에게 바오밥나무는 작은 나무가 아니라 성채만큼이나 거대하여, 코끼리 떼를 데려가도 바오밥나무 한 그루도 먹어치우지 못할 것이라고 말해주었다. 코끼리 떼라는 말에 어린 왕자는 웃으며 말했다.

"그럼 코끼리들을 겹쳐 놓아야겠네요."라고 말했다. 그런데 왕자가 다음과 같은 지혜로운 말을 했다.

"바오밥나무도 크게 자라기 전에는 작은 나무지요?"

"물론이지! 근데 왜 양이 작은 바오밥나무를 먹어치우길 바라는 거지?"

어린 왕자는 "아휴, 참!"하며, 뻔한 것 아니냐는 듯 대꾸했다. 그래서 나는 혼자서 문제를 푸느라고 한참 고민해야 했다.

사실 어린 왕자가 사는 별에는 다른 별과 마찬가지로 좋은 식물과 나쁜 식물이 있다. 따라서 좋은 씨앗과 나쁜 씨앗이 있는 것이다. 하지만 씨앗은 눈에 보이지 않는다. 그것은 땅 속 깊숙한 곳에서 잠자고 있는데, 그 중 하나가 잠에서 깨어나고 싶어진다. 그러면 작은 씨는 기지개를 켜고, 처음엔 수줍게 조그만 싹을 해를 향해 쏘옥 내민다. 그것이 무나 장미의 싹이라면 그대로 둬도 괜찮다. 하지만 나쁜 식물일 경우에는 발견하자마자 빨리 뽑아버려야 한다.

그런데 어린 왕자의 별에는 무서운 씨앗이 있었다. 바로 바오밥나무의 씨앗이었다. 그 별의 땅은 바오밥나무의 씨앗이 가득했다. 그런데 바오밥나무는 때가 늦으면 도저히 없애버릴 수가 없게 된다. 별을 완전히 엉망으로 만드는 것이다. 뿌리가 계속

자라서 별을 관통하고 마는 것이다. 그래서 별이 너무 작아서 바오밥나무가 너무 많으면 별이 산산조각이 나게 된다.

"그건 규율의 문제지요."

어린 왕자가 나중에 말했다.

"아침에 일어나 내 몸을 단장하고 나면 마찬가지로 별을 정성껏 손질해줘야 해요. 규칙적으로 장미 덩굴과 구별할 수 있게 되는 즉시 바오밥나무를 뽑아버려야 해요. 바오밥나무는 아주 작을 때 장미와 매우 흡사하거든요. 그건 귀찮긴 하지만 아주 쉬운 일이에요."

어느 날 그는 내가 사는 지구의 아이들이 알아보도록 예쁜 그림을 그려 보라고 했다.

"그 아이들이 나중에 여행을 할 때, 그것이 큰 도움이 될 수 있을 거예요. 해야 할 일을 나중으로 미루는 일이 때로는 해롭지 않을 수도 있어요. 하지만 바오밥나무의 경우에는 그렇게 하면 언제나 큰 재앙이 되고 말아요. 나는 어떤 별에 사는 게으름뱅이를 알아요. 그는 작은 바오밥나무 세 그루를 내버려두었다가 그만……."

그래서 어린 왕자가 이야기한 대로 나는 그 별을 그렸다. 나는 딱딱한 도덕 군자처럼 충고하고 싶진 않다. 그러나 바오밥나무의 위험성은 거의 알려져 있지 않고 소행성에서 길을 잃은 사람이 직면할 위험은 너무나 심각하기 때문에 처음으로 나는 자제심을 제쳐놓고 이렇게 충고한다.

"아이들아! 바오밥나무를 조심해야 해!"

내가 이 그림을 이렇게 세심하게 그린 것은 내 친구들에게 경각심을 던져주기 위해서였다. 그들은 오래 전부터 나와 마찬가지로 모르는 사이에 이 위험에 노출되어 왔다. 이 그림으로써 내가 전하는 교훈은 그림에 큰 정성을 들일 만큼 가치가 있는 것이다.

여러분은 내게 묻고 싶을 것이다. "이 책에는 왜 바오밥나무 그림만큼 훌륭하고 인상적인 그림이 또 없을까?" 대답은 간단하다. 다른 그림도 그렇게 그리려고 노력해 보았지만 성공하지 못한 것이다. 바오밥나무를 그릴 때에는 간절한 필요에서 나온 특별한 힘이 발휘된 것이다.

6

아! 어린 왕자여! 나는 너의 슬픈 삶의 비밀을 조금씩 알게 되었지. 오랫동안 너에겐 유일한 낙이 석양을 바라보는 것밖에 없었다는 것 말이지. 나흘째 되는 아침, 나는 그 새로운 사실을 알게 되었어. 너는 내게 이렇게 말을 건넸지.

"나는 해가 지는 것을 좋아해요. 자, 해지는 걸 보러 가요."

"하지만 기다려야 해."

"기다리다니? 뭘요?"

"해가 지는 시간을 말야. 해가 질 때까지 기다려야 해."

너는 처음엔 꽤나 놀라는 기색이었지만 혼자 웃음을 터뜨리고 내게 말했지.

"나는 늘 집에 있는 것처럼 생각하거든요."

사실이 그렇다. 다들 아시다시피 미국에서 정오일 때 프랑스에서는 해가 지고 있다. 프랑스로 순식간에 날아갈 수만 있다면 금세 일몰을 볼 수 있을 것이다.

하지만 유감스럽게도 프랑스는 너무 멀리 떨어진 곳에 있다. 그러나 네가 살던 작은 별에서는 의자를 몇 걸음만 옮겨 놓으면 되겠지. 그래서 언제든지 원하기만 하면 너는 해가 지는 모습을 볼 수 있었지.

"어떤 날은 해가 지는 걸 마흔 네 번이나 봤어요!" 그리고는 잠시 후 너는 다시 말했지.

"아시다시피 몹시 슬플 때는 석양을 좋아하는 법이지요."
"마흔 네 번 석양을 봤던 날 너는 몹시 슬펐던 거구나?"
그러나 어린 왕자는 아무 대답도 하지 않았다.

7

닷새째 날에도 역시 양 덕분에 어린 왕자의 비밀을 알게 되었다. 그가 불쑥, 오랫동안 혼자 어떤 문제를 깊이 생각한 끝에 튀어나온 말인 듯, 나에게 물었다.
"양은 작은 나무를 먹으니까 꽃도 먹겠지요?"
"양은 무엇이나 닥치는 대로 먹지."
"가시가 있는 꽃도 먹어요?"
"그래. 가시 달린 꽃도 먹지."
"그럼 가시는 어떤 쓸모가 있는 거죠?"
나도 그 이유는 알 수 없었다. 나는 그때 기체에 꽉 죄어 있는 볼트를 푸는 일에 집중하고 있었다. 비행기의 고장이 심각한 것이 분명했기 때문에 걱정스러웠다. 게다가 마실 물이 별로 남지 않아 불안하기 짝이 없었다.
"꽃에게 가시는 왜 있는 거죠?"
어린 왕자는 일단 질문을 던졌을 때 결코 흘려버리는 일이 없었다. 나는 볼트에 온 신경이 곤두서 있었으므로 아무렇게나 대답하고 말았다.
"가시는 아무 소용도 없어. 꽃들이 괜한 심술로 가시를 갖고 있는 거야."
"저런!"
잠시 아무 말도 없던 어린 왕자는 원망스런 눈초리로 나를 쳐다보았다.

"아저씨 말은 안 믿어요! 꽃들은 연약하고 순수한 생물이에요. 꽃들은 나름대로 스스로를 지키는 거예요. 가시가 무서운 무기가 된다고 믿는 거라고요."

나는 반응하지 않았다. 그때 나는 이렇게 생각하고 있었다. '이 볼트가 계속 돌아가지 않으면 망치로 때려서 제거해야겠군.' 어린 왕자는 다시 내 생각을 방해했다.

"그럼 아저씨는 정말 꽃들이 그렇다고 생각해요?"

"그만해라! 그만! 난 그렇게 생각 안 해! 난 아무렇게나 대답한 거야. 나는 지금 중요한 일로 바쁘거든!"

그는 깜짝 놀라 나를 쳐다보았다.

"중요한 일이라고요?"

망치를 들고 손에는 시커먼 기름이 묻은 채 그에겐 매우 흉하게 보이는 물체 위로 몸을 기울이고 있는 나를 어린 왕자는 쳐다보고 있었다.

"아저씨는 어른들처럼 말하고 있어요!"

그 말을 듣고 나는 조금 부끄러웠다. 하지만 그는 거침없이 말을 이었다.

"아저씨는 모든 걸 혼동하고 있어요. 모든 걸 혼동하고 있다고요."

그는 무척이나 화가 나 있었다. 그는 금빛 머리칼을 바람에 휙 쳐들었다.

"빨간 얼굴을 가진 남자가 어떤 별에 살고 있었어요. 그는 꽃향기를 맡아 본 적이 없었지요. 별을 바라본 적도 없고. 아무도 사랑해 본 일도 없었어요. 오로지 숫자만 계산하면서 살아왔어요. 그는 하루 종일 당신처럼 '나는 중요한 일로 무척 바쁘다!'라고 되뇌고 있었어요. 그리고 그 말은 그를 오만함으로 뽐내게 만들었어요. 하지만 그는 사람이 아니라 버섯이었어요."

"뭐라고?"

"버섯이라고요!"

어린 왕자는 이제 분노로 얼굴이 하얗게 변했다.

"수백만 년 전부터 꽃들은 가시를 만들어 왔어요. 양도 수백만 년 전부터 꽃을 먹어 왔고요. 그런데도 꽃들이 아무 쓸모도 없는 가시를 왜 힘들게 만들어 내는지 알려는 게 중요한 일이 아니라는 거예요? 양과 꽃들의 싸움이 중요하지 않다는 거예요? 그게 빨간 얼굴을 가진 뚱뚱한 사내가 하는 숫자 계산보다 중요하지 않다는 거예요? 그래서 이 세상 어디에서도 찾아볼 수 없고 나의 별에만 있는 오직 하나뿐인 꽃을 내가 알고 있는데, 작은 양이 어느 날 아침 무심코 그걸 한입에 먹어치울 수도 있는데 그게 중요한 일이 아니라는 건가요?"

어린 왕자는 얼굴은 하얀빛에서 붉게 변하며 이야기를 이어갔다.

"수백만 개의 별 가운데 오직 한 송이밖에 없는 꽃을 사랑하는 사람은 그 별을 바라보고 있기만 해도 행복해질 수 있어요. 그는 속으로 '저기 어딘가에 내 꽃이 있겠지.'라고 생각할 수 있거든요. 하지만 양이 그 꽃을 먹어버린다면 그 순간 그에게는 모든 별들이 빛을 잃고 마는 거예요! 그런데 아저씨는 그게 중요하지 않다고 생각하고 있어요!"

어린 왕자는 흐느끼며 더 말을 잇지 못했다.

이미 어두운 밤이 되어 있었다. 나는 연장을 내던져 버렸다. 망치나 볼트나 갈증이나 죽음이 무슨 상관인가? 어떤 별, 어떤 행성, 즉 이 지구 위에 위로해줘야 할 어린 왕자가 있었다. 나는 어린 왕자를 껴안고 부드럽게 흔들면서 말했다.

"네가 사랑하는 꽃은 이제 위험하지 않단다. 너의 양에게 입마개를 씌워 줄게. 꽃 주변에 울타리도 그려주고 그리고……."

나는 더 이상 뭐라고 말해야 할지 몰랐다. 당황스럽고 어색하게 느껴졌다. 어떻게 그에게 다가가 어디에서 그를 따라잡고 다시 그의 손을 잡고 가야 하는 건지 나는 알 수 없었다. 눈물의 나라는 무척이나 신비한 곳이다.

8

얼마 후 나는 그 꽃에 관해 더 많은 것을 알게 되었다. 예전부터 그의 별에는 늘 꽃잎이 한 겹인 아주 소박한 꽃들이 있었다. 그들은 거의 자리를 차지하지 않았고 누구에게도 방해가 되지 않았다. 그들은 어느 날 아침 풀 속에 나타났다가는 저녁이면 조용히 사라져 버리곤 했다.

그러던 어느 날 알 수 없는 곳에서 날아온 씨앗에서 싹이 텄다. 그래서 어린 왕자는 다른 싹과 비슷하지 않은 그 싹을 주목하여 지켜보았다. 새로운 종의 바오밥나무일지 모르기 때문이었다. 그런데 이 작은 식물은 곧 성장을 멈추고 꽃을 피울 준비를 하는 게 아닌가? 큰 꽃봉오리가 만들어지는 것을 보던 어린 왕자는 거기에서 어떤 기적이 일어날 것 같은 느낌이 들었다. 그러나 꽃은 초록색 방에 숨어 좀처럼 자신의 미모를 드러내지 않았다. 꽃은 무척이나 정성들여 색깔을 고르고 있었다. 그 꽃은 천천히 옷을 입고 꽃잎을 하나하나 다듬고 있었다. 꽃은 개양귀비처럼 구겨진 모습으로 자기를 드러내고 싶지는 않았다. 그녀의 아름다움이 최고조로 빛을 발할 때 비로소 등장하고 싶었다. 아! 정말 한없이 아름다운 모습이었다. 그리고 그 꽃의 신비로운 광채는 여러 날 지속되었다.

그리고 어느 날 새벽, 해가 떠오르는 시각에 꽃은 모습을 드러냈다. 그런데 그렇게도 정성껏 몸단장을 마친 꽃은 하품을 하며 입을 열었다.

"아! 이제야 잠에서 깼네요. 용서하세요. 제 꽃잎이 헝클어졌네요."

어린 왕자는 감탄하여 말을 했다.

"아, 너는 정말 아름답구나!"

"그렇죠?" 꽃이 달콤한 음성으로 대답했다. "그리고 난 해님과 같은 시간에 태어났어요."

어린 왕자는 꽃이 별로 겸손하지 않지만 너무나 매혹적이라고 생각했다. 꽃이 다시 이야기했다.

"아침식사를 할 시간이군요. 제게 식사 좀 준비해 주시겠어요?"

당황한 어린 왕자는 신선한 물이 담긴 물뿌리개를 찾아서 물을 주었다. 왕자는 그렇게 꽃을 돌봐주었다.

그 꽃은 태어나자마자 다루기 힘든 허영심으로 왕자를 괴롭혔다. 어느 날 꽃은 자기가 가진 네 개의 가시에 대해 어린 왕자에게 이렇게 말하기도 했다.

"호랑이들이 발톱을 세우고 덤벼도 상관없어요!"

"내 별엔 호랑이가 없어. 게다가 호랑이는 풀을 먹지도 않아." 어린 왕자는 반박했다.

"저는 풀이 아니에요." 꽃이 부드럽게 대답했다.

"아, 미안하게 되었군."

"난 호랑이는 겁나지 않지만 바람은 질색이랍니다. 제게 바람막이를 만들어주시지 않겠어요?"

"바람이 질색이라… 식물로서는 곤란한 일이군. 이 꽃은 아주 까다로운 식물이야." 어린 왕자는 속으로 생각했다.

"저녁에는 나에게 유리덮개를 덮어 주세요. 당신이 사는 이곳은 매우 추워요. 내가 살던 곳은……."

그러나 꽃은 말을 중단했다. 그녀는 씨의 형태로 온 것이다. 다른 세상에 대해서 아는 게 있을 리가 없었다. 어리숙한 거짓말을 하려다 들킬 것 같아 부끄러워진 꽃은 어린 왕자의 잘못을 탓하기 위해 두어 번 기침을 했다.

"바람막이는 어떻게 된 거죠?"

"가서 찾아보려고 했는데 네가 계속 말을 하니까……."

그러자 그녀는 어린 왕자에게 가책을 느끼게 하려고 억지로 몇 번 헛기침을 했다.

그리하여 어린 왕자는 사랑에서 우러나온 호의를 갖고 있었지만, 차츰 꽃을 의심하게 되었다. 어린 왕자는 대수롭지 않은 말을 심각하게 받아들였고 그 때문에 무척 불행해졌다.

어느 날 그는 내게 솔직히 털어놓았다.

"그 꽃의 말을 듣지 말았어야 했어요. 꽃들의 말은 귀담아 들으면 안 되는 거였어요. 그냥 감상하고 향기를 즐기면 돼요. 그 꽃은 내 별 가득 향기를 채웠어요. 그런데 나는 그녀의 매력을 즐길 줄 몰랐던 거죠. 가시 이야기가 내겐 무척 불쾌했지만 그래도 애정과 동정을 품고 들었어야 했어요."

그는 계속 고백을 했다.

"나는 아무것도 이해할 줄 몰랐어요. 꽃의 말이 아닌 행동을 보고 판단해야 했어요. 꽃은 나에게 향기와 광채를 비춰 주었어요. 나는 꽃에게서 도망치지 말았어야 했는데……. 서툰 거짓말 뒤에 감춰진 애정을 눈치 챘어야 하는 건데. 꽃이란 아주 모순 덩어리거든요! 하지만 내가 그녀를 사랑하기엔 너무 어렸던 거죠."

9

나는 어린 왕자가 철새들의 이동을 이용하여 고향 별을 떠났을 거라고 추측한다. 출발하는 날 아침 그는 별을 깨끗하게 정리해 놓았다. 활화산들은 조심스럽게 청소했다. 거기엔 활화산이 두 개 있었다. 그것들은 아침식사를 데우는 데 아주 편리했다. 거기엔 휴화산도 하나 있었다. 그래도 어떻게 될지 알 수 없었기 때문에 휴화산도 잘 청소했다. 화산들은 잘 청소해 주면 폭발하지 않고 천천히 규칙적으로 타오른다. 화산 폭발은 굴뚝의 불꽃과 비슷한 것이다.

그런데 우리 지구 위에서는 화산을 청소하기에 분명히 우리가 너무 작다. 그래서 화산이 우리에게 계속 말썽을 일으키는 것이다.

어린 왕자는 좀 우울한 기분으로 바오밥나무의 마지막 남은 작은 싹들까지 뽑아냈다. 그는 다시는 돌아오지 않으리라 생각했다. 그런데 마지막 날 아침에는 익숙한 그런 작업이 매우 소중하게 느껴졌다. 그래서 꽃에게 마지막으로 물을 주고 유리덮개를 씌워 주려는 순간 그는 눈물이 쏟아질 것 같았다.

"잘 있어." 그가 꽃에게 작별인사를 건넸다. 그러나 꽃은 대답을 하지 않았다.

"잘 있어."라고 어린 왕자가 또 인사했다.

꽃은 기침을 했다. 그것은 감기 때문에 나온 것이 아니었다.

"제가 어리석었어요. 용서해 주세요. 부디 행복하세요……." 마침내 꽃이 말했다.

자기에게 비난의 말이 없다는 것이 어린 왕자에겐 놀라웠다. 그는 유리덮개를 든 채 당황하여 서 있었다. 이런 조용한 다정함을 어떻게 받아들여야 할지 알지 못했다.

"물론 난 당신을 사랑해요. 그동안 당신이 그걸 몰랐던 것은 제 잘못이에요. 그건 중요하지 않아요. 하지만 당신도 저처럼 어리석었어요. 부디 행복하길 바라요……. 유리덮개는 없어도 돼요. 이젠 필요 없어요."

"하지만 바람이 불면……."

"제 감기는 그리 심하지 않아요. 서늘한 밤공기는 제게 나쁘지 않을 거예요. 저는 꽃이니까요."

"하지만 짐승들이……."

"나비와 친해지려면 두세 마리의 쐐기벌레는 참아야죠. 나비는 무척 아름답다고 해요. 나비와 쐐기벌레가 아니라면 누가 내게 찾아오겠어요? 당신은 멀리 떠나가고… 큰 짐승들은 두렵지 않아요. 손톱이 있으니까."

그러면서 꽃은 천진난만하게 네 개의 가시를 보여주었다. 그리고 말을 이어갔다.

"그렇게 망설이지 마세요. 떠나기로 결심했으면 어서 떠나세요!"

그녀는 우는 얼굴을 어린 왕자에게 보이고 싶지 않았다. 그만큼 자존심이 강한 꽃이었다.

10

어린 왕자의 별은 소행성 325호, 326호, 327호, 328호, 329호, 330호와 가까이 있었다. 그래서 견문을 넓힐 생각으로 그 별들을 찾아가 보기로 했다.

첫 번째 별에는 어떤 왕이 살고 있었다. 왕은 보라색에 담비 모피가 달린 의복을 입고 무척 소박하면서도 위엄 있는 옥좌에 앉아 있었다.

"오! 신하가 한 명 왔구나!"

어린 왕자가 오는 것을 보고 왕이 큰 소리로 외쳤다. 그래서 어린 왕자는 의아스러웠다.

'그는 나를 한 번도 본 적이 없는데 어떻게 나를 알아보는 걸까?'

왕에게는 세상이 단순하다는 것을 어린 왕자는 몰랐던 것이다. 왕에겐 모든 사람이 신하로 보이는 것이다.

"너를 좀 더 잘 살펴볼 수 있도록 이리 가까이 오라!"

드디어 누군가의 왕 노릇을 할 수 있게 된 것이 무척 유쾌해진 왕이 말했다.

어린 왕자는 앉을 자리를 찾아 여기저기 둘러보았으나, 그 별은 왕의 호화로운 흰 담비모피 망토로 온통 뒤덮여 있었다. 할 수 없이 그는 서 있었다. 그리고 피곤하여 하품을 했다.

"나의 면전에서 하품을 하다니. 무례하구나. 너에게 하품을 금지하노라."

임금이 말했다.

"하품을 참을 수가 없습니다. 긴 여행을 해서 한숨도 못 잤거든요……."

몹시 당황한 어린 왕자가 말했다.

"아, 그렇다면 네게 명하노니 하품을 하거라. 하품하는 걸 본 지도 몇 년이 지났구나. 하품은 짐에게 희귀한 일이니라. 자! 그럼 또 하품을 하거라! 나의 명령이니라."

왕이 말했다.

"그렇게 말씀하시니까 겁이 나서… 하품이 나오지 않는군요……."

얼굴을 붉힌 어린 왕자가 중얼거렸다.

"어험! 그렇다면 내가 명하노니 어떤 때는 하품을 하고 또 어떤 때는……." 왕이 대꾸했다.

왕은 심기가 불편한 기색이었다.

왜냐하면 왕이 근본적으로 주장하는 것은 자신의 권위가 존중되어야 한다는 점이었다. 불복종은 용서할 수 없는 일이었다. 그래도 그는 전제군주이긴 하지만 무척 선량한 사람이므로 정당한 명령을 내리는 편이었다. 예를 들면 그는 평소 이렇게 말하곤 했다.

"만약 내가 어떤 장군에게 물새로 변하라고 명령했는데 장군이 명령에 따르지 않았다면 그건 장군의 잘못이 아니라 짐의 잘못이니라."

"이제 앉아도 될까요?" 어린 왕자가 조심스럽게 물었다.

"그렇게 하도록 명하노라."

왕이 흰담비 모피로 된 망토 한 자락을 위엄 있게 걷어 올리며 대답했다.

그런데 어린 왕자에겐 의문이 생겼다. 이 별은 아주 작은 곳이다. 왕은 도대체 무엇을 다스린다는 건가?

"전하, 한 가지 여쭈어도 될까요?"

"질문을 허락하노라."

"전하, 전하께서는 무엇을 다스리시는지요?"

"모든 것이다." 왕의 대답은 무척 간명했다.

"모든 것이라고요?"

왕은 그의 별과 다른 별들과 모든 별들을 가리켰다.

"모든 별을요?" 어린 왕자가 반문했다.

"저 모든 것을 다스리노라." 왕이 대답했다.

그의 통치는 절대적이었을 뿐 아니라 우주적이었던 것이다.

"그럼 별들도 전하께 복종하나요?"

"물론 그렇다. 즉각 복종하지. 짐은 불복종을 용서하지 아니한다." 왕이 말했다.

그런 막강한 권력은 어린 왕자가 감탄할만한 것이었다. 만일 어린 왕자가 그런 절대 권력을 가졌다면 의자를 움직이지 않고도, 원한다면 하루에 마흔 네 번이 아니라, 일흔 두 번, 아니 백 번 이백 번이라도 해가 지는 것을 볼 수 있을 것이다. 그리고 떠나 온 그의 작은 별에 대한 추억 때문에 조금 슬퍼진 어린 왕자는 용기를 내어 왕에게 청을 올렸다.

"저는 해가 지는 광경을 보고 싶습니다. 제게 은혜를 베푸시어… 해가 지도록 명령해 주십시오."

"내가 어떤 장군에게 나비처럼 이 꽃에서 저 꽃으로 날아다닐 것을 명령하거나, 갑자기 비극 작품을 한 편 쓰라고 명령하거나, 혹은 물새로 변하도록 명령했는데, 그 장군이 명령을 받고 복종하지 않는다면 그의 잘못이겠느냐, 아니면 내 잘못이겠느냐?"

"전하의 잘못이죠."

어린 왕자가 자신 있게 말했다.

"옳도다. 누구에게든 그가 실제로 할 수 있는 것을 요구해야 하는 법이다. 권위는 무엇보다 상식에 근거해야 하느니라. 만일

백성들에게 바다에 몸을 던지라고 명령한다면 그들은 반란을 일으킬 것이니라. 내가 복종을 요구할 권한을 갖는 것은 나의 명령이 이치에 어긋나지 않기 때문이다."

왕이 말을 계속했다.

"그럼 제가 드린 일몰 부탁은요?"

한 번 던진 질문은 절대로 잊어버리지 않는 어린 왕자가 그걸 상기시켰다.

"그대는 해가 지는 것을 보게 될 것이다. 내가 명령하겠노라. 그러나 나의 통치 기술에 따라 조건이 갖추어지기를 기다려야 하노라."

"언제 그렇게 되는 건가요?" 어린 왕자가 물었다.

"에헴!" 왕은 두툼한 연감을 뒤적거리고 말했다. "어험, 그러니까 오늘 저녁… 7시 40분이니라! 나의 명령이 얼마나 잘 이행되는지 볼 수 있을 것이다." 왕이 대답했다.

어린 왕자는 하품을 했다. 당장 일몰을 못 보게 된 것이 아쉬웠다. 그리고 이미 좀 따분해졌다.

"저는 여기서 더 할 일이 없군요. 이제 떠나가겠습니다." 그가 왕에게 말했다.

"떠나지 말거라. 떠나지 말거라. 그대를 장관으로 삼겠노라!"

신하를 한 사람 갖게 된 것이 몹시 자랑스러운 왕이 대답했다.

"무슨 장관이죠?"

"그러니까… 법무장관이다!"

"하지만 재판받을 사람이 아무도 없는데요!"

"그건 모를 일이지. 나는 아직 왕국을 제대로 돌아다녀 보지 않았느니라. 이제 나이를 먹었고, 마차를 둘 곳도 없고, 걸어 다니면 피곤해지느니라."

왕이 말했다.

"아! 제가 대신 벌써 다 둘러보았습니다."

시선을 돌려 별의 다른 쪽을 한 번 훑어보며 어린 왕자가 말했다. 다른 쪽에도 역시 아무도 없었다.

"그럼 네 자신을 심판해 보거라. 그것이 가장 어려운 일이니라. 다른 사람을 심판하는 것보다 자기 자신을 심판하는 게 훨씬 더 어려운 법이다. 네가 스스로를 훌륭히 심판할 수 있다면 너는 참으로 지혜로운 사람일 것이다." 왕이 대답했다.

"예, 하지만 저는 어디에 가서든 저를 심판할 수 있어요. 꼭 이 별에서 할 필요는 없습니다."

어린 왕자가 말했다.

"어험! 어험! 내 별 어딘가에 늙은 쥐가 한 마리 사는 것 같다. 밤이면 쥐 소리가 들린다. 너는 그 늙은 쥐를 심판하면 된다. 가끔 그놈에게 사형을 선고하여라. 그러면 그놈의 생명이 너의 판결에 달리게 될 것이다. 그러나 매번 그놈에게 특사를 내려 소중히 다루도록 하라. 한 마리밖에 없는 놈이니까." 왕이 대답했다.

"저는 누구가에게 사형선고를 내리는 건 싫습니다. 아무래도 제 길을 가야겠습니다."

어린 왕자가 대답했다.

"떠나지 말거라." 왕이 말했다.

어린 왕자는 떠날 준비를 마쳤으나 늙은 임금의 마음을 서운하게 하고 싶지는 않았다.

"전하의 명령이 실행되길 원하신다면 제게 이치에 맞는 명령을 내리시면 되겠습니다. 이를테면 일 분 내로 떠나라고 제게 명령하실 수도 있고요. 그런 상황이 된 것 같습니다."

왕이 대답을 하지 않기에 어린 왕자는 머뭇거리다가 한숨을 한 번 쉬고는 출발했다.

"너를 나의 대사로 임명하노라!"

왕이 다급하게 외쳤다. 그는 매우 위엄이 가득한 모습이었다.

'어른들은 참 이상하다니까.' 어린 왕자는 떠나면서 혼자 중얼거렸다.

11

두 번째 별에는 유난히 허세를 부리는 사람이 살고 있었다.
"오! 저기 나를 찬양하는 사람이 찾아오는군!"
어린 왕자가 오는 걸 보고 허세남이 소리쳤다. 허세남은 모든 사람이 자기를 찬양한다고 착각했다.
"안녕하세요? 당신은 이상한 모자를 쓰고 있군요."
어린 왕자가 말했다.
"사람들이 내게 박수와 환호를 보내면 답례인사를 하려고 쓰고 있단다. 근데 안타깝게도 이쪽으로 지나가는 사람이 없구나."
"네? 뭐라고요?"
어린 왕자는 허세남의 이야기를 이해할 수 없었다. 허세남이 요청했다.
"두 손으로 박수를 쳐줘."
어린 왕자가 박수를 쳤다. 그러자 허세남이 모자를 벗어 우아하게 인사를 했다.
"왕을 만났을 때보다는 재미있는 곳이네."
어린 왕자는 속으로 생각했다. 그리고 다시 손뼉을 쳤다. 허세남이 다시 모자를 벗어 답례했다. 재미있다고 느낀 어린 왕자는 여러 번 박수를 쳤다. 그런데 5분이 지나니까 단순한 놀이가 슬슬 지루해졌다. 그래서 허세남에게 물었다.
"당신 모자를 바닥에 떨어지게 하려면 어떻게 하면 되죠?"
허세남에게 어린 왕자의 말은 들리지 않는 것 같았다. 이번엔 허세남이 어린 왕자에게 질문했다.
"너는 진심으로 나를 찬양하는 거지?"
"찬양이 무슨 뜻인가요?"
"찬양이란 내가 이 별에서 제일 잘 생겼고 옷도 제일 잘 입고 제일 부자고 제일 똑똑하다는 것을 인정하는 거지."

"이 별에는 당신 혼자밖에 없는 걸요."
"나를 기쁘게 해다오. 나를 찬양해 주렴."
"당신을 찬양해 드릴게요. 근데 그게 무슨 소용이 있나요?"
어린 왕자는 어깨를 으쓱 올려보고 발길을 돌렸다. 어린 왕자는 다시 여행을 떠나면서 생각을 했다.
"어른들은 참 이상한 사람들이야."

12

다음 별에는 술꾼이 살고 있었다. 이번 방문은 매우 짧게 끝났지만 어린 왕자를 꽤나 우울하게 했다.
"거기에서 뭘 하고 계세요?"
빈병 무더기와 술이 든 병 무더기를 앞에 놓고 말없이 앉아 있는 술꾼을 보고 어린 왕자가 물었다.
"술을 마신단다."
우울한 표정으로 술꾼이 대꾸했다.
"왜 술을 마시는데요?"
어린 왕자가 물었다.
"잊기 위해서야."
술꾼이 대답했다.
"무엇을 잊고 싶으신데요?"
어린 왕자는 벌써 그가 불쌍하게 느껴졌다.
"내가 부끄럽다는 걸 잊기 위해서지."
머리를 숙이며 술꾼이 고백했다.
"뭐가 부끄러운 거죠?"
그를 도와주고 싶어진 어린 왕자가 계속 물어봤다.
"술을 마시는 게 부끄럽구나."

이제 술꾼은 말을 끝내고 완전한 침묵 속으로 들어가 버렸다.

어찌할 바를 몰라 난처해진 어린 왕자는 그곳을 떠나 버렸다.

'어른들은 정말 너무 이상하다니까.' 하고 어린 왕자는 떠나면서 혼자 중얼거렸다.

13

네 번째 별은 사업가가 사는 별이었다. 이 사람은 어찌나 바쁜지 어린 왕자가 도착했을 때도 고개조차 들지 않았다. 어린 왕자가 인사를 건넸다.

"안녕하세요! 담뱃불이 꺼졌네요."

그가 말했다.

"3 더하기 2는 5, 5 더하기 7은 12, 12 더하기 3은 15. 안녕! 15에 7을 더하면 22, 22에 6을 더하면 28. 담배에 다시 불붙일 시간도 없어. 26에 5를 더하면 31. 휴우! 그러니까 총계가 5억 162만 2731이 되는군."

"뭐가 5억이에요?" 어린 왕자가 물었다.

"응? 너 아직도 거기 있니? 5억 1백만…… 난 멈출 수가 없어. 난 할 일이 아주 많아! 난 중요한 일을 하는 사람이야. 허튼소리할 시간은 없어! 2 더하기 5는 7……."

"뭐가 5억인데요?"

한 번 던진 질문을 결코 포기해 본 적이 없는 어린 왕자가 다시 물었다.

사업가가 고개를 들었다.

"내가 이 별에서 54년 동안 살고 있는데, 방해를 받은 것은 단 세 번뿐이야. 첫 번째는 22년 전이었는데, 난데없이 나타난 거위 때문이었어. 그게 요란한 소리를 내서 사방으로 소리가 울

리더군. 그래서 계산이 네 군데나 틀렸었지. 두 번째는 11년 전이었는데, 류머티즘 때문이었어. 난 운동부족이거든. 산책할 시간도 없으니까. 세 번째는… 바로 지금이야! 가만 있자. 5억 백만이었지…….”

"뭐가 5억 백만이라는 거죠?"

사업가는 그의 질문에 대답을 하기 전에는 조용히 있을 수가 없다는 걸 깨달았다.

"가끔 하늘에 보이는 수많은 작은 것들 말이다."

"파리요?"

"아니. 반짝거리는 것들 말이다."

"꿀벌?"

"아니. 천만에. 게으름뱅이들을 멍하니 공상에 빠지게 만드는 금빛 물체들 말이다. 하지만 난 중요한 일을 하는 사람이거든! 내 인생에 공상에 빠질 시간은 없어."

"아! 별을 말하는 거군요?"

"맞았어. 별 말이야."

"5억 개의 별을 가지고 뭘 하는데요?"

"5억 162만 2,731개야. 나는 중요한 일을 하는 사람이라 정확하지."

"그 별들을 가지고 뭘 하는데요?"

"뭘 하느냐고?"

"네."

"아무것도 안 해. 그것들을 그냥 소유하는 거지."

"별들을 소유한다고요?"

"그래."

"하지만 내가 전에 본 어떤 왕은……."

"왕은 소유하지 않아. 그들은 다스리지. 그건 아주 다른 얘기야."

"그런 별들을 소유하는 게 당신에게 무슨 소용이 있는 거죠?"

"내가 부자가 되는 데 도움이 되지."

"부자가 되는 데 무슨 소용이 있어요?"

"어떤 별을 새로 발견하면 더 많은 별들을 살 수 있지."

'이 사람도 술꾼처럼 말하고 있군.' 어린 왕자는 생각했다. 그래도 그는 질문을 더 계속했다.

"별을 어떻게 소유할 수 있죠?"

"별들이 누구에게 속해 있나?" 사업가가 짜증스럽게 쏘아붙였다.

"모르겠네요. 누구의 것도 아니죠."

"그러니까 내 것이지. 내가 제일 먼저 그 생각을 했으니까."

"그런 이유로 당신 것이 되는 거예요?"

"물론이지. 주인 없는 다이아몬드는 그걸 발견한 사람의 소유가 되는 거지. 주인이 없는 섬을 네가 발견하면 그건 네 소유가 되는 거야. 네가 어떤 멋진 아이디어를 제일 먼저 생각해냈다면 특허를 받아야 해. 그럼 그게 네 소유가 되는 거야. 그런 식으로 나는 별들을 소유하고 있는 거야. 나보다 먼저 별들을 소유하겠다고 생각한 사람은 아무도 없었거든."

"그건 사실이에요. 당신은 별들을 가지고 뭘 하죠?"

어린 왕자가 물었다.

"그것들을 관리해. 세어 보고 또 세어 보지. 그건 힘든 작업이야. 하지만 난 원래 중요한 일에 관심이 많은 사람이야."

어린 왕자는 아직 만족하지 않았다.

"내가 비단 스카프를 갖고 있다면 말이에요. 난 그걸 목에 두를 수도 있고 갖고 다닐 수도 있어요. 내가 꽃을 소유하고 있다면 그 꽃을 꺾어 가지고 다닐 수가 있어요. 하지만 당신은 별을 하늘에서 딸 수가 없잖아요!"

"그렇게 할 수는 없지. 하지만 그것들을 은행에 맡길 수는 있어."

"그게 무슨 뜻이죠?"

"조그만 종이에다 내 별들의 숫자를 적어 서랍에 넣고 잠가 둔단 말이야."

"그게 전부예요?"

"그렇지."

'재미있네. 시 같기도 하지만 그리 중요한 일은 아니군.' 어린 왕자는 생각했다.

어린 왕자는 중요한 일에 관하여 어른들과는 상당히 다른 생각을 가지고 있었다.

"나에겐 꽃 한 송이가 있는데 매일 물을 줘요. 화산도 세 개 갖고 있는데 매주 청소를 해요. 휴화산도 청소하니까 세 개라고요. 어떻게 될지 모르거든요. 내가 그것들을 소유하는 건 화산들에게나 꽃에게 유익한 일이에요. 하지만 당신의 행위는 별들에게 유익하지 않아요."

사업가는 대답하려 했으나 할 말을 찾아내지 못했다. 그리고 어린 왕자는 떠나버렸다.

'어른들은 진짜 너무나 이상하군.' 어린 왕자는 여행을 떠나면서 속으로 중얼거렸다.

14

다섯 번째로 도착한 별은 아주 독특했다. 이곳은 제일 작은 별이었다. 가로등 하나와 등을 켜는 사람이 있을 자리밖에 없었다. 어딘가에 집도 없고 사람도 없는 별에서 가로등과 그걸 켜는 사람이 무슨 필요가 있는지 어린 왕자는 도무지 이해할 수가 없었다. 그렇지만 속으로 중얼거렸다.

'이 사람도 어리석은 사람이겠군. 그래도 왕이나 허세 부리는 사람이나 사업가 혹은 술꾼만큼 어리석지는 않아, 적어도 그가 하는 일은 조금 의미가 있거든. 그가 가로등을 켤 때는 별 한 개나 혹은 꽃 한 송이를 더 태어나게 하는 것과 마찬가지니까. 가로등을 끌 때면 꽃이나 별을 잠들게 하는 것이니 아주 아름다운 직업이군. 아름다우니까 진실로 유익한 것이다.'

그 별에 다가가서 어린 왕자는 가로등 켜는 사람에게 공손히 인사했다.

"안녕하세요. 왜 가로등을 지금 껐어요?"

"안녕. 이건 명령이란다."

가로등 켜는 사람이 대답했다.

"무슨 명령인데요?"

"내 가로등을 끄는 거지. 잘 자."

그리고 그는 다시 불을 켰다.

"왜 지금 가로등을 다시 켰어요?"

"명령이니까."

가로등 켜는 사람이 대답했다.

"무슨 말인지 모르겠네요."

어린 왕자가 말했다.

"이해할 필요는 없지. 명령은 그냥 명령이니까. 안녕."

가로등 켜는 사람이 말했다. 그리고 가로등을 껐다.

그러고 나서 빨간 체크무늬 손수건으로 이마의 땀을 닦았다.

"난 정말 골치 아픈 직업을 갖고 있어. 예전에는 그다지 힘들지 않았는데. 아침에 불을 끄고 저녁이면 다시 켰지. 그래서 낮 시간에는 쉬고 나머지 밤 시간에는 잠을 잤어."

"그럼, 그 후 명령이 바뀌었나요?"

"명령은 바뀌지 않았으니 그게 비극이지! 해마다 이 별은 더 빨리 돌고 있는데 명령은 바뀌지 않았단 말이야!"

가로등 켜는 사람이 말했다.

"그래서 어떡해요?"

어린 왕자가 말했다.

"그래서 이젠 별이 1분마다 1회전을 하니까 1초도 쉴 새가 없는 거야. 1분마다 한 번씩 껐다가 켰다가 하는 거지."

"참 이상하네요! 당신 별에선 하루가 1분밖에 안 된다니!"

"조금도 이상할 건 없단다. 우리가 얘기하는 사이에 벌써 한 달이 지났단다."

가로등 켜는 사람이 말했다.

"한 달이요?"

"그래. 30분이니까, 30일이지! 잘 자렴."

그리고는 그는 다시 가로등을 켰다.

어린 왕자는 그를 바라보았다. 자기 명령에 이렇게 충실한 그 사람이 좋아졌다. 의자를 좀 당겨서 일몰을 보고 싶어 하던 지난 일이 떠올랐다. 그리고 이 사람을 도와주고 싶었다.

"저기 말이에요… 쉬고 싶을 때 쉴 수 있는 방법이 있어요."

"그야 언제나 쉬고 싶지." 가로등 켜는 사람이 말했다.

사람은 누구나 성실하면서도 한편 게으름을 피우고 싶은 생각도 드는 법이다.

어린 왕자는 말을 계속했다.

"당신 별은 아주 작으니까 세 걸음만 옮기면 어디든 갈 수 있어요. 언제라도 햇빛을 받고 싶으면 천천히 걸어가기만 하면 되요. 쉬고 싶을 때는 걸어가도록 해요. 그럼 하루 해가 원하는 만큼 지속될 거예요."

"그건 별로 도움이 안 되겠는걸. 내가 인생에서 좋아하는 건 잠자는 일이니까."

등을 켜는 사람이 말했다.

"그렇다면 유감이네요."

어린 왕자가 말했다.

"난 운이 나빠. 좋은 아침!"

가로등 켜는 사람이 말했다. 그러고는 등을 껐다.

'저 사람은 왕이나 허세 부리는 사람이나 술꾼, 혹은 사업가 같은 사람들에게 멸시를 받을 테지, 하지만 우스꽝스럽게 보이지 않는 사람은 저 사람뿐이야. 그건 저 사람이 자기 자신이 아닌 다른 일에 전념하기 때문일 거야.' 더 멀리 여행을 계속하면서 어린 왕자는 생각했다.

그는 섭섭해서 한숨을 내쉬며 이런 생각도 했다.

'내가 친구로 삼을 수 있는 사람은 저 사람뿐이었어. 하지만 그의 별은 너무 작아서 두 사람이 있을 자리가 없어.'

어린 왕자가 차마 고백하지 못하는 것은 그 별이 매일 1,440번이나 해가 지는 축복을 받았기 때문에 그 별을 떠나기를 가장 아쉬워했다는 사실이었다.

15

여섯 번째로 방문한 별은 지난 번 것보다 열 배 이상 큰 별이었다. 그 별에는 거대한 책을 쓰는 노인 한 사람이 살고 있었다.

"야! 탐험가가 한 명 오는구먼!"

어린 왕자를 보고 그가 큰 소리로 외쳤다.

어린 왕자는 테이블 위에 앉아 조금 숨을 몰아쉬었다. 이미 상당히 먼 여행을 한 것이다.

"너는 어디서 오는 거냐?"

노인이 물었다.

"그 큰 책은 뭐예요? 당신은 뭘 하시는 거죠?"

어린 왕자가 대답하지 않고 되물었다.

"난 지리학자란다."

노인이 말했다.

"지리학자가 뭔가요?"

"바다와 강과 도시와 산, 그리고 사막이 어디에 있는지를 연구하는 사람이지."

"그거 참 재미있네요. 드디어 진정한 직업을 가진 분이 계시는군요!"

어린 왕자는 지리학자의 별을 한 번 둘러보았다. 여태껏 그처럼 멋지고 아름다운 별을 본 적이 없었다.

"당신의 별은 참 아름답군요. 여기엔 바다가 있나요?"

"난 모르겠다."

지리학자가 대답했다.

"오!" 어린 왕자는 실망했다. "그럼 산은 있나요?"

"난 몰라."

지리학자가 말했다.

"그럼 도시와 강과 사막은요?"

"그것도 알 수 없다."

지리학사가 말했다.

"당신은 지리학자잖아요?"

"그렇지. 하지만 난 탐험가는 아니거든. 내 별을 탐험할 사람이 한 명도 없지. 도시와 강과 산, 바다와 대양과 사막을 조사하러 다니는 건 지리학자가 할 일이 아냐. 지리학자는 아주 중요한 사람이니까 그렇게 한가로이 돌아다닐 수가 없지. 서재를 떠나지 않고 서재에서 탐험가들을 만나는 거지. 그들에게 여러 가지 질문을 하고 그들의 여행 경험을 기록하는 거야. 탐험가의 기억 가운데 흥미로운 사실이 있으면 지리학자는 탐험가의 도덕적인 사람인지 조사하기도 하지."

"그건 왜지요?"

"탐험가가 거짓말을 하면 지리책에 큰 오류가 생기게 될 테니까. 탐험가가 술을 너무 마셔도 그렇게 되지."

"그건 또 왜요?"

어린 왕자가 말했다.

"왜냐하면 술에 잔뜩 취한 사람에겐 모든 게 둘로 겹쳐 보이거든. 그러면 지리학자는 하나밖에 없는 산을 두 개라고 기록하게 되는 거야."

"내가 아는 어떤 사람도 그런 엉터리 탐험가가 될 것 같네요."

어린 왕자가 말했다.

"그럴 수도 있지. 그래서 탐험가가 정직하게 보이면 그가 발견한 사실에 관해 조사를 하지."

"누군가 찾아가 보나요?"

"아냐. 그건 너무 번거로운 일이야. 그 대신 탐험가에게 증거물을 요구하는 거야. 예를 들면 커다란 산을 발견했다고 하면 큰 돌을 가져오라고 요구하는 거지."

지리학자가 돌연 흥분하여 질문했다.

"근데 너는 멀리서 왔지! 네가 바로 탐험가야! 너의 별이 어떤지 이야기해 다오!"

그러더니 지리학자는 큰 공책을 펼치고 연필을 깎았다. 탐험가의 이야기를 처음에는 연필로 적었다가 나중에 그가 증거물을 가져오면 잉크로 적는 것이다.

"자, 그럼 말해 볼래?"

지리학자가 기대를 품고 말했다.

"아, 제 별은 별로 흥미로운 게 없어요. 아주 작거든요. 화산이 세 개 있어요. 둘은 활화산이고 하나는 휴화산이지요. 하지만 어떻게 될지는 몰라요."

"그래, 어떻게 될지는 모르는 거지."

지리학자가 말했다.

"제겐 꽃 한 송이도 있어요."

"우린 꽃은 기록하지 않는다."

지리학자가 말했다.

"왜요? 그게 별에서 가장 예쁜 생물인 걸요!"

"꽃은 일시적인 존재니까 기록하지 않는다."

"'일시적인 존재'가 뭐예요?"

"지리책은 모든 책 가운데 가장 중요한 책이야. 지리책은 유행을 타는 일도 없지. 산이 위치를 바꾸는 일은 거의 없고 바닷물이 말라버리는 일도 없어. 우리는 영속적인 것들을 기록하는 거야."

"하지만 휴화산이 다시 활동할 수도 있어요. '일시적인 존재'란 뭐예요?"

어린 왕자가 말을 가로막았다.

"화산이 조용히 있든 활동하든 우리에게는 마찬가지야. 우리에게 중요한 건 산이라는 거지. 산은 변하지 않거든."

"그런데 '일시적인 존재'란 뭐예요?"

한 번 던진 질문은 결코 포기해 본 적이 없는 어린 왕자가 다시 물었다.

"그건 '얼마 후에 사라져 버릴 위험에 처해 있다'는 뜻이지."

"내 꽃은 얼마 후에 사라져 버릴 위험에 처해 있나요?"

"물론이지."

'내 꽃은 일시적 존재야. 세상에 대항할 무기라곤 네 개의 가시밖에 없고! 그런데 나는 그 꽃을 내 별에 혼자 내버려두고 왔어!' 하고 어린 왕자는 생각했다.

어린 왕자는 처음으로 후회가 들었다. 하지만 용기를 내어 물었다.

"제가 어디를 가 보는 게 좋을까요?"

"지구라는 별에 가 보거라. 대단한 명성을 가진 별이거든."

그리하여 어린 왕자는 그의 꽃을 생각하면서 여행을 떠났다.

16

 일곱 번째로 찾아간 별은 그래서 지구였다.

 지구는 흔히 볼 수 있는 별과는 달랐다. 그곳에는 흑인 왕을 포함해서 111명의 왕과 7천 명의 지리학자와 90만 명의 사업가, 750만 명의 술꾼, 3억 1천1백만 명의 허세 부리는 사람들, 약 20억 명의 어른들이 살고 있다. 전기가 발명되기 전까지는 6대륙 전역에 462,511명이나 되는 가로등 켜는 사람을 두어야 했다는 이야기를 들으면 여러분은 지구가 얼마나 큰지 짐작할 수 있을 것이다.

 그래서 좀 멀리 떨어진 곳에서 보면 눈부신 광경이 벌어지는 것이었다. 등을 켜는 사람들이 무리지어 움직이는 모습은 오페라의 발레처럼 질서정연한 것이었다. 맨 처음은 뉴질랜드와 호주의 가로등 켜는 사람들의 차례였다. 가로등을 켜고 나면 그들은 잠을 자러 갔다. 그리고 나면 중국과 시베리아의 작업자들이 발레 무대에 나타났다. 그들 역시 무대 뒤로 살짝 몸을 감추고 나면 러시아와 인도의 가로등 켜는 사람들이 나타나는 것이었다. 그 다음에는 아프리카와 유럽의 작업자들, 그 다음에는 남미의 가로등 켜는 사람들, 또 그 다음에는 북미의 가로등 켜는 사람들이 차례로 나타났다. 그런데 그들은 무대에 나타나는 순서를 틀리는 법이 없었다. 그것은 무척 장엄한 광경이었다.

 북극에는 오직 한 개밖에 없는 가로등을 켜는 사람과 남극에 있는 그의 동료만이 한가하고 걱정 없는 생활을 하고 있었다. 그들은 일 년에 두 번만 바쁠 것이다.

17

이야기를 재미있게 이끌다 보면 때로 진실에서 벗어나기도 한다. 가로등 켜는 사람에 대한 내 이야기는 다소 과장이 섞인 것이다. 지구를 잘 알지 못하는 사람들에게 지구에 대한 잘못된 인식을 갖게 할 수도 있는 이야기였다. 사람들이 지구 위에서 차지하는 면적은 사실 아주 작은 것이다. 지구에 사는 20억 명의 인구가 어떤 모임에서처럼 서로 가까이 붙어 서 있다면 세로 32km 가로 32km 넓이의 광장으로 충분할 것이다. 그들은 태평양의 아주 작은 섬에 겹쳐 쌓아 놓을 수도 있을 것이다.

물론 여러분이 이런 말을 하면 어른들은 믿으려 들지 않을 것이다. 그들은 상당한 면적을 차지하고 있다고 생각하기 때문이다. 그들은 자신들이 바오밥나무처럼 중요하다고 생각하고 있다. 그러니까 여러분은 그들에게 계산을 해보라고 말해주어야 한다. 그들은 숫자를 좋아하니까. 그럼 그들은 만족해할 것이다. 하지만 여러분은 그런 지루한 계산을 하느라 시간을 낭비할 필요는 없다. 그것은 불필요한 것이다. 나는 여러분이 내게 신뢰를 품고 있음을 안다.

그래서 어린 왕자가 지구에 도착했을 때, 지구에서 사람들 모습이 보이지 않는 데 놀랐다.

혹시 엉뚱한 별에 찾아온 게 아닌가, 두려워지기 시작할 무렵 달빛을 닮은 금색 밧줄 같은 것이 모래 위에 번득거렸다.

"좋은 저녁이네!"

어린 왕자가 점잖게 인사했다.

"좋은 저녁이야."

뱀이 인사했다.

"내가 도착한 여기가 무슨 별이지?"

어린 왕자가 물었다.

"지구야. 여긴 아프리카지."

뱀이 대답했다.

"그렇구나! 그럼 지구에는 사람이 없니?"

"여긴 사막이야. 사막에는 사람이 없어. 지구는 아주 거대하거든."

뱀이 말했다.

어린 왕자는 돌에 걸터앉아 시선을 하늘로 향했다.

"누구든 언제라도 다시 자기별을 찾아낼 수 있게 별들이 환히 불 켜져 있는지 궁금해. 내 별을 쳐다봐. 바로 우리 위에 있으니까. 그런데 어쩌면 저렇게 멀리 있는 거지!"

"아름다운 별이구나. 여긴 뭘 하러 온 거니?"

뱀이 말했다.

"난 어떤 꽃이랑 문제가 있었단다."

어린 왕자가 말했다.

"아하!"

뱀이 대답했다. 그리고 그들은 잠시 말이 없었다.

"사람들은 어디에 있니? 사막은 좀 외롭구나······."

어린 왕자가 대화를 다시 시작했다.

"사람들 사이에 있어도 외로운 거야."

뱀이 말했다.

어린 왕자는 그를 한참 쳐다보았다.

"넌 재미있게 생긴 동물이구나. 손가락처럼 가느다랗고······."

그가 말했다.

"하지만 내가 왕의 손가락보다 더 힘이 세단다."

뱀이 말했다.

어린 왕자는 미소를 지었다.

"넌 그렇게 힘이 세지 않아. 발이 없으니까 여행을 할 수도 없잖아······."

"난 배보다 멀리 너를 데려다줄 수도 있어."

뱀이 말했다.

그는 어린 왕자의 발목을 금팔찌처럼 휘감고 말했다.

"누구든 내가 건드리면 그가 나왔던 땅으로 돌려보내지. 하지만 너는 순진하고 진실하고 또 다른 별에서 왔으니까……."

어린 왕자는 대답을 하지 않았다.

"화강암으로 된 지구에서 너처럼 약한 아이를 보니 불쌍한 생각이 드는구나. 나중에 네 별이 그리워져서 참을 수 없으면 내가 너를 도와줄 수 있어. 내가……."

"응! 네 말은 잘 알았어. 근데 넌 왜 언제나 수수께끼 같은 말만 하니?"

"난 그것들을 전부 풀 수 있어."

뱀이 말했다. 그리고 둘은 침묵을 지켰다.

18

어린 왕자는 사막을 지나가는데 꽃 한 송이밖에 만나지 못했다. 세 장의 꽃잎을 가진 아주 흔해 빠진 꽃이었다.

"좋은 아침!"

어린 왕자가 인사했다.

"좋은 아침!"

꽃이 인사했다.

"사람들은 어디에 있나요?"

어린 왕자가 정중하게 물었다. 그 꽃은 언젠가 대상(隊商)이 지나가는 것을 본 적이 있었다.

"사람들이요? 대충 예닐곱 사람 있는 것 같아요. 몇 해 전에 그들을 본 적이 있어요. 하지만 그들이 어디 있는지는 알 수 없어요. 바람이 그들을 날려 보내버렸거든요. 그들은 뿌리가 없어서 살아가기가 힘들 거예요."

"잘 있어요!"

어린 왕자가 말했다.

"잘 가요!"
꽃이 말했다.

19

어린 왕자는 높은 산에 올라갔다. 그가 여태껏 아는 산이라곤 자기 무릎 높이 밖에 안 되는 세 개의 화산이 전부였다. 그는 휴화산을 발판으로 이용하곤 했다.

'이렇게 높은 산에서는 이 별 전체와 사람들을 한 눈에 볼 수 있겠지.'라고 생각했다.

하지만 바늘처럼 뾰족한 산봉우리들만 보였다.

"좋은 아침!"

그가 말을 해보았다.

"좋은 아침… 좋은 아침… 좋은 아침…"

메아리가 대답했다.

"너는 누구니?"

어린 왕자가 말했다.

"너는 누구니… 너는 누구니… 너는 누구니…"

메아리가 대답했다.

"내 친구가 되어 줘. 나는 외로워."

그가 말했다.

"외로워… 외로워… 외로워…."

다시 메아리가 대답했다.

'여긴 참 이상한 별이네! 메마르고 뾰족뾰족하고 거칠고 험해. 게다가 사람들은 상상력이 없어서 남이 한 말을 되풀이하는군… 내 별에는 꽃 한 송이뿐이었지만, 꽃은 언제나 내게 먼저 말을 걸어줬는데…….'

20

어린 왕자는 오랫동안 모래와 바위와 눈길을 지나고 나서 드디어 길을 하나 발견했다. 모든 길은 사람들이 사는 곳으로 통하는 법이다.

"좋은 아침!"

그가 말했다.

그는 장미가 활짝 핀 정원 앞에 서 있었다.

"좋은 아침!"

장미꽃들이 말했다.

어린 왕자는 그들을 쳐다보았다. 그들은 모두 그의 꽃과 똑같이 보이는 것들이었다.

"너희는 누구니?"

깜짝 놀란 어린 왕자가 그들에게 물었다.

"우리는 장미꽃이야."

장미들이 일제히 말했다.

그러자 어린 왕자는 슬픈 감정에 압도당했다. 그의 꽃은 우주에 자기와 똑같은 꽃은 없다고 그에게 말했었다. 그런데 여기 정원 한 곳에만 그와 똑같은 꽃이 5천 송이나 피어있는 게 아닌가!

'내 꽃이 이걸 보면 몹시 상심할 거야.' 어린 왕자는 생각했다. '심하게 콜록거리면서 비웃음을 당하지 않으려고 죽는 시늉을 할 거야. 그럼 난 간호라도 해주는 척 해야만 하겠지. 그렇게 하지 않으면 내게 죄책감을 안겨주려고 정말로 죽어 버릴지도 몰라……'

그는 계속해서 생각했다. '이 세상에 오직 하나뿐인 꽃을 가졌으니 내가 부자인 줄 알았는데, 내가 가진 꽃은 그저 흔한 꽃 한 송이일 뿐이야. 그 중 하나는 영원히 꺼져 버렸을지도 모르는 무릎 높이의 화산 세 개와 그 꽃을 가졌다고 내가 위대한 왕자라고 할 수는 없어……'

그래서 그는 풀숲에 엎드려 슬피 울었다.

21

바로 그때 여우가 나타난 것이었다.
"좋은 아침!"
여우가 말했다.
"좋은 아침!"
어린 왕자는 예의 바르게 대답하고 주위를 둘러봤으나 아무 것도 보이지 않았다.
"난 여기 사과나무 밑에 있어."
그 목소리가 말했다.
"너는 누구니? 넌 참 예쁘게 생겼구나."
어린 왕자가 말했다.
"난 여우야."
여우가 말했다.
"여기 와서 함께 놀자. 난 아주 우울하단다."
어린 왕자가 제안했다.
"난 너랑 같이 놀 수 없어. 나는 길들여지지 않았으니까."
여우가 말했다.
"아, 그러니. 미안해."
어린 왕자가 잠시 생각해 본 후에 다시 말했다.
"'길들인다'는 게 무슨 뜻이니?"
"넌 여기 사는 애가 아니구나. 네가 찾는 건 뭐니?"
여우가 물었다.
"난 사람들을 찾고 있어. '길들인다'는 게 뭐니?"
어린 왕자가 말했다.

"사람들은 총을 가지고 사냥을 하지. 그건 내게 곤란한 일이야! 그들은 닭도 길러. 그것이 그들의 유일한 관심사지. 너 닭을 찾는 거니?"

여우가 물었다.

"아니야. 난 친구를 찾고 있어. '길들인다'는 게 무슨 말이지?"

어린 왕자가 말했다.

"그건 아주 흔히 무시되는 행위야. 그건 '관계를 맺는다'는 말이야."

여우가 말했다.

"관계를 맺는다고?"

"그래."

여우가 말했다.

"나에게 너는 아직 수많은 다른 소년들과 다르지 않은 소년에 불과해. 그래서 난 네가 필요하지 않고. 또 너에게 나는 수많은 다른 여우와 같은 한 마리 여우에 지나지 않아. 하지만 네가 나를 길들인다면 우리는 서로 필요한 존재가 되는 거야. 나에게 너는 세상에서 유일한 존재가 되고, 너에게 나는 역시 세상에서 유일한 존재가 되는 거야."

"무슨 말인지 슬슬 이해가 된다."

어린 왕자가 말했다.

"꽃 한 송이가 있는데… 그 꽃이 나를 길들인 것 같아."

"그럴 수도 있지. 지구에는 온갖 일들이 있으니까."

여우가 말했다.

"아, 아니야! 지구 얘기가 아니야."

어린 왕자가 말했다.

여우는 당황하여 몹시 궁금한 표정이었다.

"그럼 다른 별에서 그랬니?"

"그래."

"그 별엔 사냥꾼들이 있니?"

"아니, 없어."

"아, 그럼 재미있군! 그럼 닭은?"

"없어."

"세상에 완벽한 곳은 없구나."

여우는 한숨을 쉬었다. 하지만 여우는 자기 생각으로 돌아갔다.

"내 생활은 아주 단순하단다. 나는 닭을 사냥하고 사람들은 나를 사냥하지. 닭들은 모두 똑같고 사람들도 모두 똑같아. 그래서 이제 좀 싫증이 난다. 하지만 네가 나를 길들인다면 태양이 내 생활을 환히 비춰주는 것과 같을 거야. 나는 다른 모든 발소리와 너의 발소리를 구별할 수 있게 되겠지. 다른 발소리들은 나를 땅속으로 기어들어 가게 하겠지만, 너의 발소리는 음악처럼 땅굴에서 나를 밖으로 불러낼 거야! 그리고 저길 봐! 저기 밀밭이 보이지? 난 빵을 먹지 않아. 밀은 내겐 아무 소용도 없는 거야. 밀밭은 나에게 아무것도 생각나게 하지 않아. 그건 슬픈 일이지! 그런데 너는 금빛 머리칼을 가졌어. 네가 나를 길들인다면 정말 근사할 거야! 밀도 금빛이니까 밀을 보면 너를 생각나게 될 거야. 그럼 난 밀밭 사이를 지나가는 바람소리도 사랑하게 될 거야."

여우는 오랫동안 어린 왕자를 응시하더니 말했다.

"부탁할게… 나를 길들여 줘!"

"나도 꼭 그러고 싶어."

어린 왕자는 대답했다.

"하지만 내겐 시간이 많지 않아. 친구들을 찾아내야 하고 알아야 할 것도 많아."

"우리는 자기가 길들이는 것만 알 수 있는 거란다."

여우가 말했다.

"사람은 이제 뭔가를 이해할 수 있는 시간이 없어. 그들은 가게에서 이미 만들어진 것을 사거든. 그런데 우정을 살 수 있는 가게는 없으니까 사람들에겐 이제 친구가 없는 거지. 네가 친구를 갖고 싶다면 나를 길들여 줘."

"너를 길들이려면 어떻게 해야 하니?"

어린 왕자가 물었다.

"인내심이 있어야 해."

여우가 대답했다.

"일단 내게서 좀 떨어져서 그렇게 풀숲에 앉아 있어. 난 너를 살짝 쳐다볼 거야. 넌 아무 말도 하지 마. 말은 오해의 근원이지. 넌 날마다 내게 점점 더 가까이 앉을 수 있을 거야……."

다음날 어린 왕자가 다시 찾아왔다.

"늘 같은 시간에 오는 게 좋을 거야."

여우가 말했다.

"예를 들어 네가 오후 네 시에 온다면 난 세 시부터 행복해지기 시작할 거야. 그때 시간이 지날수록 난 점점 더 행복해지겠지. 네 시에는 가슴이 두근거려 안절부절 못할 거야. 나는 너에게 내가 얼마나 행복한지 보여주게 될 거야! 하지만 네가 아무 때나 온다면 내 마음이 몇 시에 너를 맞이할 준비를 해야 할지 모르잖아……. 지켜야 할 적절한 의식이 필요한 거야……."

"의식이 뭐야?"

어린 왕자가 물었다.

"그것 역시 너무나 소홀히 다루어지는 거야."

여우가 말했다.

"그건 어떤 날을 다른 날들과 다르게 만들고, 어떤 시간을 다른 시간과 다르게 만드는 거지. 예를 들면 내가 아는 사냥꾼들에게도 의식이 있어. 목요일이면 그들은 마을 처녀들과 춤을 추지. 그래서 목요일은 나에게 마음 편한 날이지! 난 포도밭까지 산책을 갈 수도 있어. 사냥꾼들이 매일 춤을 춘다면, 모든 날이 똑같아져 버리잖아. 그럼 나에겐 휴일이 없어질 거야."

그래서 어린 왕자는 여우를 길들였다. 헤어질 시간이 다가왔을 때 여우는 말했다.

"아! 눈물이 날 것 같아."

"그건 네 잘못이야. 나는 네 마음을 아프게 할 생각은 없었어. 하지만 넌 내가 길들여 주길 원했잖아."

어린 왕자가 말했다.

"응, 그랬지."

여우의 말이었다.

"하지만 넌 곧 울고 말겠구나!"

어린 왕자가 말했다.

"응, 그렇겠지."

여우가 말했다.

"그러면 넌 이익을 본 게 아무것도 없잖아!"

"이익을 본 게 있어. 밀밭의 색깔 때문에 말이야."

여우가 말했다.

잠시 후 그가 다시 말을 이었다.

"장미꽃들을 다시 가서 봐. 너는 네 장미꽃이 세상에 오직 하나뿐이라는 걸 알게 될 거야. 그리고 내게 돌아와서 작별인사를 해줘. 그러면 내가 네게 한 가지 비밀을 선물할게."

어린 왕자는 장미들을 보러 갔다.

"너희는 내 장미와 전혀 닮지 않았어. 너희는 아직 아무것도 아니야."

그들에게 그는 말했다.

"아무도 너희를 길들이지 않았고 너희도 아무도 길들이지 않았어. 너희는 내가 처음 보았을 때의 여우와 같아. 그는 수많은 다른 여우들과 같은 여우일 뿐이었어. 하지만 내가 그를 친구로 만들었기 때문에 그는 이제 이 세상에 오직 하나뿐인 여우야."

그러자 장미들은 당황스러웠다.

"너희는 아름답지만 텅 빈 것 같아."

어린 왕자가 계속했다.

"누가 너희를 위해서 죽지는 않을 테니까. 물론 내 꽃도 지나가는 사람에겐 너희와 똑같이 보이겠지. 하지만 나에게 그 꽃은 너희 모두보다도 더 소중해. 내가 그녀에게 물을 주었기 때문이지. 내가 유리덮개를 덮어 주었기 때문이고. 울타리를 만들어 보호해 주기도 했어. 내가 벌레를 잡아 준 것(나비가 되라고 두세 마리 남겨둔 것은 빼고)도 그 꽃을 위해서지. 그녀가 불평을 하거나 잘난 체 하거나, 때로는 침묵을 지키는 것을 내가 귀 기울여 들어준 것도 그녀이기 때문이지. 왜냐하면 그녀는 내 꽃이니까."

그리고 그는 여우에게 돌아갔다.

"잘 가."

여우가 말했다.

"내 비밀은 바로 이거야. 아주 단순한 비밀이지. 마음으로 봐야 잘 볼 수 있다는 거야. 가장 중요한 건 눈에 보이지 않으니까."

"가장 중요한 건 눈에는 보이지 않는다."

잊어버리지 않기 위해 어린 왕자가 반복했다.

"너의 장미를 그토록 소중하게 만든 건 그 꽃을 위해 네가 소비한 그 시간이란다."

"내가 나의 장미를 위해 소비한 시간이다."

잊지 않기 위해 어린 왕자가 따라 말했다.

"사람들은 이 진리를 잊어버렸어."

여우가 말했다.

"하지만 너는 네가 길들인 것에 대해 영원히 책임이 있어. 너는 네 장미에 대해 책임이 있어."

"나는 장미에 대한 책임이 있어."

확실히 기억하기 위해 어린 왕자가 따라했다.

22

"좋은 아침!"

어린 왕자가 말했다.

"좋은 아침!"

철도원이 말했다.

"여기서 무슨 일을 하세요?"

어린 왕자가 물었다.

"나는 승객을 천 명씩 나눠 보내는 일을 한단다. 그들을 싣고 가는 객차를 한 번은 오른쪽으로, 어떤 때는 왼쪽 선로로 보내는 거지."

철도원이 말했다.

불을 밝게 켠 급행열차가 천둥소리를 내며 철도 기술자의 조종실을 흔들며 질주했다.

"저 사람들은 몹시 서두르네요. 그들은 뭘 찾는 거죠?"

어린 왕자가 물었다.

"그건 기관사도 모르지."

철도원이 말했다.

그러자 반대편 방향에서 등을 컨 두 번째 급행열차가 천둥소리를 내면서 달려왔다.

"그들이 벌써 돌아오는 건가요?"

어린 왕자가 물었다.

"아까 그 사람들은 아니야. 서로 엇갈려 달리는 거지."

"그들은 있던 곳에서 만족하지 못했나 봐요?"

어린 왕자가 물었다.

"사람은 자기가 있는 곳에서는 만족하지 못한단다."

철도원이 말했다.

그러자 세 번째의 등을 컨 급행열차가 요란스럽게 달려왔다.

"저 사람들은 첫 번째 기차를 쫓아가는 건가요?"

어린 왕자가 물었다.

"그런 건 아냐."

철도원이 말했다.

"그들은 차안에서 잠을 자거나 하품을 하고 있지. 어린 아이들만 차창에 코를 납작대고 밖을 구경하고 있지."

"어린 아이들만이 스스로 무엇을 찾고 있는지 알고 있어요."

어린 왕자가 말했다.

"아이들은 봉제인형을 가지고 시간을 보내요. 그것은 그들에겐 아주 중요하거든요. 그래서 누가 그걸 빼앗아 가면 울고 말아요……."

"아이들은 행복하구나."

철도원이 말했다.

23

"좋은 아침이에요!"

어린 왕자가 인사했다.

"좋은 아침!"

장사꾼이 인사했다.

그는 갈증을 없애주는 새로운 알약을 파는 사람이었다. 일주일에 한 알만 먹으면 아무것도 마시지 않아도 괜찮다는 것이었다.

"왜 이걸 팔아요?"

어린 왕자가 말했다.

"이게 시간을 엄청나게 절약시켜 주거든. 전문가들이 계산해서 말해주었단다. 이 약을 먹으면 일주일에 53분이나 절약하게 된다는 거야."

장사꾼이 말했다.
"절약된 53분으로 뭘 하는 거죠?"
"하고 싶은 일을 하겠지."
'만일 내게 자유로운 53분의 시간이 있다면 신선한 물이 담긴 우물로 천천히 걸어갈 텐데…….'
어린 왕자는 생각했다.

24

비행기가 고장을 일으킨 지 8일째 되는 날이었다. 나는 간직해 두었던 마지막 남은 물 한 방울을 마시며 장사꾼에 관한 이야기를 들었다.
"네 여행담은 참 아름답구나. 하지만 난 아직도 비행기를 고치지 못했어. 더 마실 것도 없고. 맑은 물이 담긴 우물을 향해 천천히 걸어갈 수 있다면 나도 행복하겠다!"라고 말했다.
"내 친구 여우는……."
그가 말했다.
"이봐 꼬마 친구, 이제는 여우 이야기나 할 상황이 아냐!"
"왜요?"
"난 목이 말라 죽을 것 같으니까……."
그는 내 이야기를 이해하지 못하고 이렇게 대답했다.
"설사 죽어간다 해도 친구가 있다는 건 좋은 일이에요. 난 여우 친구가 있었다는 게 무척 기뻐요……."
'저 아이는 지금 상황이 얼마나 절박한지 짐작을 못하는군. 저 아이는 배고픔도 갈증도 느낀 적이 없다. 햇살만 조금 비치면 그에겐 충분한 거야.' 나는 생각했다.
그런데 그가 나를 가만히 쳐다보더니 내 마음을 읽은 듯 이렇게 말하는 것이었다.

"나도 목이 말라요. 우물을 찾으러 가요!"

나는 지쳤다는 몸짓을 보였다. 막막한 사막 한가운데에서 무턱대고 우물을 찾아 나선다는 건 어처구니없는 일이기 때문이다. 하지만 우리는 걷기 시작했다.

우리가 몇 시간 동안 말없이 걷다 보니 어둠이 내리고 별들이 나타났다. 나는 심한 갈증 때문에 열이 조금 있어서 마치 꿈을 꾸는 것처럼 별들을 바라보았다. 어린 왕자의 말이 내 머리에 흐릿하게 생각났다.

"너도 목이 마르니?"

내가 물었다.

하지만 그는 내 물음에 대답하지 않고 이렇게 말했다.

"물은 마음에도 이로운 것이에요."

나는 그의 말을 이해하지 못했으나 잠자코 있었다. 그에게 논리적으로 묻는 것이 불가능한 것을 나는 잘 알고 있었다.

그는 지쳐서 모래 위에 앉았다. 나도 곁에 따라 앉았다. 그러자 잠시 침묵이 흐르고 그가 다시 입을 열었다.

"별이 아름다운 것은 보이지 않는 한 송이 꽃 때문이에요."

나는 "응, 그렇구나."라고 대답하고 말없이 달빛 아래 펼쳐진 모래 능선들을 바라보았다.

"사막은 아름다워요."

그가 말했다.

그것은 사실이었다. 나는 언제나 사막이 사랑스러웠다. 모래 언덕에 앉으면 아무것도 보이지 않고 들리지도 않는다. 하지만 침묵 속에 뭔가 빛나는 것이 있다.

"사막이 아름다운 것은 어딘가에 샘물을 감추고 있기 때문이지……."

어린 왕자가 말했다.

나는 문득 사막의 신비로운 광채를 깨닫고 깜짝 놀랐다. 어린 시절 나는 낡은 집에서 살고 있었다. 그런데 그 집에 보물이 감춰져 있다는 전설이 있었다. 물론 그것을 어떻게 하면 찾아낼 수 있는지 아는 사람은 없었고, 그것을 찾으려 시도한 사람도 없었다. 하지만 그 전설 덕분에 그 집은 아주 매력적으로 보였다. 우리 집은 가장 깊숙한 곳에 보물을 감추고 있는 것이었다…….

"그래. 집이든 별이든 혹은 사막이든 아름답게 만드는 건 눈에 보이지 않는 법이지!"

내가 어린 왕자에게 말했다.

"당신이 내 여우 친구와 같은 생각을 하다니 기뻐요."

그가 말했다.

이윽고 어린 왕자가 잠이 들어 나는 그를 안고 다시 걷기 시작했다. 나는 깊은 감동에 사로잡혔다. 부서지기 쉬운 보물을 안고 가는 느낌이었다. 마치 지구에는 그보다 더 연약한 것이 없는 듯한 느낌마저 들었다. 창백한 이마, 꼭 감은 눈, 바람에 날리는 머리카락을 달빛 속에서 바라보며 나는 생각했다. '여기 내가 보는 건 껍질뿐이야. 가장 중요한 건 눈에 보이지 않는 법이지.'

살짝 벌린 그의 입술이 마치 미소를 띠고 있는 것 같았다. 나는 또 생각했다. '여기 잠든 어린 왕자가 나를 그렇게 감동시킨 것은 꽃 한 송이에 대한 그의 간절한 애정이고, 그가 잠들었을 때에도 램프의 불꽃처럼 그의 존재를 훤히 비춰주는 한 송이 장미의 모습이야.' 그러자 그가 더욱더 부서지기 쉬운 존재라고 느껴졌다. 어린 왕자가 마치 한 줄기 바람에도 꺼질 수 있는 등불처럼 느껴져서 나는 그를 보호해야겠다고 느꼈다. 그리고 정처 없이 걸어가다가 동이 틀 무렵 나는 우물을 발견했다.

25

"사람들은 급행열차에 타고 급히 가지만 무엇을 찾는지 알지도 못해요. 그래서 분주하게 돌아다니며 흥분하여 빙빙 돌고 있어… 그저 헛수고일 뿐인데……."

어린 왕자가 말했다.

우리가 도착한 우물은 사하라 사막의 우물과 달랐다. 사하라 사막의 우물은 그저 모래에 파놓은 구멍이다. 그런데 이것은 마을의 우물과 흡사했다. 그러나 여기에 마을 같은 것은 없었다. 나는 분명히 꿈을 꾸고 있다고 생각했다.

"이상하네."

내가 어린 왕자에게 말했다.

"모든 게 갖추어져 있잖아. 도르래, 물통, 밧줄까지……."

그는 웃으며 밧줄을 잡고 도르래를 움직였다. 그러자 도르래는 오랫동안 바람을 잊어버린 낡은 풍향계처럼 삐걱거렸다.

"들려요? 우리가 우물을 잠에서 깨우니까 우물이 노래를 해요."

어린 왕자가 말했다.

나는 그에게 밧줄을 당기는 힘든 일을 시키고 싶지 않았다.

"내가 할게. 너에겐 너무 무거울 거야."

내가 말했다.

나는 두레박을 우물 가장자리 위에 천천히 들어 올려놓았다. 그렇게 물을 올리느라 힘들었지만 행복했다. 도르래의 노랫소리는 아직도 귀에 울려 퍼졌고, 아직 출렁이는 물속에는 햇살이 반사되는 게 보였다.

"이 물을 마시고 싶어요. 물을 좀 주세요……."

어린 왕자가 말했다.

그래서 나는 그가 무엇을 찾고 있었는지를 알게 되었다.

나는 두레박을 그의 입술로 가져갔다. 그는 눈을 감고 물을 마셨다. 마치 특별한 축제의 음식처럼 달콤했다. 그 물은 분명 흔히 마시던 물과는 다른 것이었다. 그 달콤함은 별빛 아래 힘들게 걸어다닌 일과 도르래의 노래와 내 팔의 수고로 만들어진 것이었다. 그것은 마치 선물처럼 마음을 기쁘게 하는 것이었다. 내가 어린 꼬마였을 때는 크리스마스트리의 불빛과 자정 예배의 음악과 사람들의 따사로운 미소가 내가 받는 선물을 빛나는 것으로 장식해 주었다.

"당신이 사는 지구 사람들은 한 정원에 장미를 5천 송이나 기르지만 그들이 찾는 것을 거기서 발견하지 못해요."

어린 왕자가 말했다.

"그래. 발견하지 못하지."

내가 대답했다.

"그런데 그들이 찾는 것은 꽃 한 송이나 물 한 모금에서 발견될 수도 있어요."

"그래, 맞는 말이야."

내가 대답했다. 그러자 어린 왕자가 말했다.

"그렇지만 눈에는 보이지 않아요. 마음으로 봐야 해요."

나도 물을 마시고 나니 이제 마음이 편안해졌다. 해가 뜨면 모래는 꿀 색깔을 띤다. 나는 그 꿀 색깔을 보고 행복했다.

"당신은 약속을 지켜 줘요."

어린 왕자가 다시 내 옆에 앉으며 조용히 말했다.

"무슨 약속?"

"약속했잖아요… 내 양에게 씌워줄 입마개… 난 그 꽃을 책임져야 해요!"

나는 대충 그려 두었던 그림을 주머니에서 꺼냈다. 어린 왕자는 그림을 들여다보더니 웃으며 말했다.

"당신이 그린 바오밥나무는 양배추처럼 보여요."

"그런가!"

바오밥나무 그림이라면 난 패나 우쭐했었는데!

"여우 그림은… 귀가 뿔처럼 생겼고 너무 길어요." 또 피식 웃었다.

"어린 왕자, 네가 그런 말 하면 곤란해. 나는 겉이나 속이 보이는 보아뱀밖에 못 그린다니까."

"아, 괜찮아요. 아이들은 다 이해하니까요."

그가 말했다. 나는 그래서 연필로 입마개를 그렸다. 그림을 어린 왕자에게 건네주는데 가슴이 미어졌다.

"넌 내가 모르는 계획을 짜고 있구나."

하지만 그는 대답하지 않고 이렇게 말했다.

"내가 지구에 도착한 것도… 내일이면 1년째야."

그리고 잠시 묵묵히 있던 그가 말을 했다.

"바로 이 근처에 떨어졌었어요."

그는 얼굴을 붉혔다. 그 말에 나는 다시 이유를 알 수 없는 슬픔에 잠겼다. 그런데 한 가지 의문이 들었다.

"그럼 일주일 전에 내가 너를 처음 본 아침, 사람이 사는 지역에서 수천 킬로 떨어진 여기서 네가 혼자 걷고 있었던 것은 우연이 아니었구나. 네가 내려온 지점으로 돌아가던 길이었니?"

어린 왕자는 다시 얼굴이 붉어졌다. 그래서 내가 머뭇거리다가 말했다.

"아마 1년 기념 때문이었겠지?"

어린 왕자는 또 얼굴을 붉혔다. 그는 대답하진 않았으나 얼굴을 붉히는 걸로 보아 내 짐작이 맞는 것 같았다.

"아, 두려워지는구나……."

그런데 그가 내 말을 가로막았다.

"당신은 이제 일을 해야 하잖아요. 비행기로 돌아가요. 난 여기서 당신을 기다리고 있을게요. 내일 저녁에 다시 와줘요……."

하지만 나는 마음이 불안했다. 여우 이야기가 생각났다. 누군가에게 길들여지면 눈물을 흘릴 각오를 해야 하는 것이다…….

26

우물 옆에는 폐허가 된 돌담이 있었다. 다음날 저녁, 작업을 하고 돌아와 보니 어린 왕자가 그 위에 걸터앉아 두 다리를 늘어뜨리고 있었다. 그리고 이런 이야기를 하는 게 들려왔다.

"기억을 못하는 거야? 장소는 분명히 여기가 아닌 것 같아."

다른 목소리가 대답을 한 모양이었다. 그가 다시 말을 했다.

"맞아! 날짜는 오늘이 맞지만 장소는 여기가 아냐."

나는 돌담을 향해 걸어갔다. 아무도 보이지 않고 들리지도 않는데도 어린 왕자는 다시 대답을 했다.

"…맞아. 모래 위에 내 발자국이 어디에서 시작됐는지 가서 봐. 거기서 날 기다리고 있으면 돼. 오늘 밤 거기로 갈게."

나는 돌담에서 불과 20미터 거리까지 다가갔는데 여전히 아무것도 눈에 띄지 않았다.

어린 왕자는 잠시 침묵했다가 말을 했다.

"너의 독은 대단한 것이니? 날 오랫동안 아프게 하지는 않을 거지?"

나는 걸음을 멈췄다. 내 가슴이 찢어지는 것 같았다. 하지만 아직 무슨 이야기인지 알 수 없었다.

"이제 그만 가봐. 이제 내려갈 거야!"

그가 말했다.

그래서 나는 돌담 아래로 시선을 내려 보고는 기겁을 하고 말았다! 거기엔 30초 만에 사람의 목숨을 끊을 수 있는 노란 독사가 어린 왕자를 향해 몸을 꼿꼿이 세우고 있는 것이었다.

나는 권총을 꺼내려고 주머니를 뒤지며 달려갔다. 그런데 내 발자국 소리에 뱀은 꺼져가는 분수처럼 모래 속으로 스르르 미끄러져 들어가더니 가벼운 쇳소리를 내며 조금도 허둥대지 않고 돌 틈으로 몸을 감추어 버렸다.

나는 돌담에 달려가 얼굴이 눈처럼 창백해진 어린 왕자를 품에 껴안을 수 있었다.

"이게 어떻게 된 거냐? 왜 뱀과 이야기를 했어?"

나는 그가 항상 목에 감고 있는 금빛 머플러를 풀었다. 그의 관자놀이를 물로 적시고 물을 마시게 했다. 그런데 이제 더 이상 그에게 뭔가 물어 볼 용기가 나지 않았다. 그는 심각한 표정으로 나를 쳐다보더니 내 목에 두 팔을 감았다. 그의 심장이 마치 총에 맞아 죽어가는 새의 심장처럼 허약하게 뛰는 것이 느껴졌다.

"당신 비행기가 어디 고장 난 건지 알게 되어 기뻐요. 이제 집에 돌아갈 수 있겠네요……."

"네가 그걸 어떻게 알고 있지?"

거의 기대하지도 못했지만 뜻밖에도 성공적으로 수리했다는 걸 그에게 말하려던 참이었다. 그는 내 질문에 아무 대답도 하지 않고 이렇게 덧붙였다.

"나도 오늘 집으로 돌아가게 돼요……."

그러더니 쓸쓸히,

"내가 갈 길은 훨씬 더 멀고… 훨씬 더 힘들어요……."

뭔가 심각한 일이 일어나고 있음을 나는 뚜렷이 느낄 수 있었다. 나는 그를 어린 아이처럼 품안에 꼭 껴안았다. 그런데 마치 내가 붙잡아 줄 새도 없이 그는 곤두박이로 깊은 심연 속에 추락하고 있는 것 같았다.

그는 아득한 곳에서 길을 헤매는 듯한 심각한 눈빛이었다.

"나에겐 당신이 그려 준 양이 있어. 그리고 양을 위한 상자도 있고. 입마개도 있고……."

그리고 그는 슬픈 미소를 보였다.

나는 오랜 시간을 기다렸다. 그가 차츰 조금씩 살아나는 것을 느낄 수 있었다.

"어린 친구, 두려운 거구나……."

그가 무서워하고 있던 건 틀림없었다! 그러나 그는 가볍게 웃어 보였다.

"오늘 저녁엔 더 무서울 거 같아……."

뭔가 돌이킬 수 없는 어떤 일이 벌어진다는 예감에 나는 다시 몸이 얼어붙는 것 같았다. 그 맑은 웃음소리를 더 이상 들을 수 없게 된다는 생각은 견딜 수 없는 일이다. 그것은 나에게 사막에서 마시는 맑은 우물 같은 것이었다.

"어린 친구, 네 웃음소리를 다시 듣고 싶구나."

그러나 그는 이렇게 말했다.

"오늘 밤이면 꼭 일 년째가 돼. 나의 별이, 내가 작년 이맘때 내려온 곳 바로 위쪽으로 보일 거야……."

"어린 친구, 그 뱀이나 약속 장소나 별 같은 이야기는 모두 나쁜 꿈이라고 말해다오……."

하지만 그는 내 부탁에 대답하지 않았다. 그는 대신 이렇게 말했다.

"중요한 것은 눈에 보이지 않아요……."

"그래, 안다……."

"꽃도 마찬가지예요. 어느 별에 사는 꽃 한 송이를 사랑한다면 밤에 하늘을 바라보는 일이 즐거울 거예요. 모든 별들이 꽃을 피울 테니까……."

"그래……."

"물도 마찬가지예요. 당신이 내게 마시라고 준 물은 음악 같은 것이었어요. 도르래와 밧줄 덕분에…… 물맛이 얼마나 좋았는지 기억하고 있죠?"

"그래 안다……."

"밤이면 별들을 바라봐요. 내 별은 너무 작아서 어디 있는지 지금 보여줄 수가 없어요. 하지만 그게 더 좋아요. 내 별은 당신에게는 그냥 여러 별 중의 하나가 되는 거죠. 그럼 당신은 모든 별을 바라보는 게 즐거울 테니까… 별들은 모두 당신의 친구가 될 거예요. 그리고 내가 선물을 하나 주려고 해요……."

그는 다시 웃었다.

"아, 어린 왕자여. 사랑스러운 어린 왕자! 난 네 웃음소리가 좋다!"

"그게 내 선물이에요……. 우리가 물을 마실 때와 마찬가지에요……."

"그게 무슨 뜻이지?"

"모든 사람들은 별을 갖고 있어요. 하지만 사람에 따라 별은 서로 다른 존재가 되어요. 여행자에게 별은 길잡이고요. 또 어떤 사람들에겐 그저 작은 빛일 뿐이고. 학자에게는 연구해야 할 대상이 되죠. 내가 만난 사업가에겐 재산이고요. 하지만 이 모든 별들은 침묵을 지키고 있어요. 당신은 다른 누구도 갖지 못한 별들을 갖게 될 거예요……."

"그게 무슨 뜻이니?"

"당신이 밤하늘을 바라볼 때 내가 무수한 별들 중 하나에서 살고 있을 테니까요. 내가 별들 중 하나에서 웃고 있을 테니까요. 모든 별들이 다 웃고 있는 듯 보이겠죠. 당신만이 웃을 줄 아는 별들을 갖게 되는 거예요!"

그러고 나서 어린 왕자는 다시 웃었다.

"그리고 당신의 슬픔이 진정되면(시간은 모든 슬픔을 진정시키죠) 나랑 알게 된 것을 기뻐하게 될 거예요. 당신은 영원히 나의 친구로 남을 거예요. 나와 함께 웃고 싶을 거고. 그래서 그런 기쁨을 위해서 때로는 창문을 열겠지요……. 그럼 당신 친구들은 당신이 하늘을 바라보며 웃는 걸 보고 깜짝 놀라겠지요! 그러면 그들에게 이렇게 말해요. '그래. 난 별을 보면 언제나 웃음이 나와!' 그들은 당신이 미쳤다고 생각하겠지요. 난 그럼 당신에게 못된 장난을 친 셈이 되겠지요……."

그러고 나서 그는 다시 웃었다.

"말하자면 별이 아니라 웃을 수 있는 작은 방울을 아주 많이 내가 당신에게 준 셈이 되겠지요……."

그러고 나서 그는 다시 웃었다. 이윽고 다시 심각해졌다.

"오늘 밤은… 오지 마세요."

"난 네 곁을 지키고 있을 거야."

"내가 괴로워하는 것처럼 보일 거예요. 죽어가는 것처럼 보일지도 몰라요. 그런 거니까 일부러 보러 오지 마세요. 그럴 필요 없어요."

"난 네 곁을 떠나지 않을 거야."

그러나 그는 걱정스럽게 말했다.

"내가 이렇게 얘기하는 건… 뱀 때문이에요. 뱀이 당신을 물면 안 되거든요… 뱀은 난폭한 동물이에요. 재미로 물 수도 있어요……."

"난 네 곁을 떠날 수 없어."

그러나 그는 어떤 생각을 하고는 안심하는 듯했다.

"뱀이 두 번째 물 때는 독이 없다는 건 사실이야."

그날 밤 나는 그가 떠나는 것을 보지 못했다. 그는 소리 없이 사라져 버린 것이다. 내가 뒤쫓아 가서 그를 보았을 때 그는 재빠른 걸음으로 흔들림 없이 걷고 있었다. 그는 이렇게 말할 뿐이었다.

"아! 당신이군요……."

그러고 나서 그는 내 손을 잡았다. 그러나 그는 다시 나를 걱정했다.

"당신이 온 건 잘못이에요. 마음이 괴로울 텐데. 내가 죽은 것처럼 보일 테니까. 하지만 진짜로 죽는 건 아니에요……."

나는 아무 말도 하지 않았다.

"당신도 알다시피… 내가 갈 길이 너무 멀어요. 이 몸을 가지고 갈 수는 없어요. 너무 무거우니까……."

나는 그저 침묵을 지켰다.

"내 몸은 마치 낡아서 버려진 조개껍데기 같을 거예요. 낡은 조개껍데기 따위를 보고 슬퍼할 필요는 없어요."

나는 아무 말도 하지 않았다. 그는 조금 기운이 없어 보였다.

그러나 다시 한 번 힘을 냈다.

"참 멋질 거예요. 나도 별들을 바라볼 거예요. 모든 별이 녹슨 도르래가 있는 우물로 보이겠지요. 모든 별이 내게 마실 신선한 물을 부어 줄 거예요······."

나는 아무 말도 하지 않았다.

"참 재미있겠지요! 당신은 작은 방울을 5억 개나 갖게 되고, 난 5억 개의 우물을 가지게 되는 거니까······."

그리고 그도 역시 아무 말이 없었다. 조용히 눈물을 흘리고 있었기 때문이다······.

"저기···, 나 혼자 걸어가게 내버려둬요."

하지만 그는 두려워서 그 자리에 주저앉고 말았다. 그가 다시 말했다.

"내 장미 말인데요··· 나는 그 꽃에 책임이 있어요! 더구나 그 꽃은 몹시 연약하거든요! 몹시도 순진하고, 쓸모없는 네 개의 가시를 가지고 외부 세계에 대해 자기 몸을 지키려고 하고······."

나는 더 이상 서 있을 수가 없어서 주저앉았다. 그가 말했다.

"자··· 이제 다 끝났어······."

그는 여전히 조금 주저하는 듯 하더니 일어났다. 한 발자국을 내디뎠다. 나는 움직일 수가 없었다.

그의 발목 근처에서 노란 한 줄기 빛이 번쩍했을 뿐이었다. 그는 순간적으로 아무 움직임 없이 서 있었다.

그는 소리 지르지 않았다. 나무가 쓰러지듯 그는 조용히 쓰러졌다. 모래 때문에 아무 소리도 나지 않았다.

27

그리고 이미 여섯 해가 지나갔다······. 나는 이 이야기를 여태까지 한 번도 하지 않았다. 내가 집에 돌아왔을 때 다시 만난 친구들은 내가 살아 돌아온 걸 매우 기뻐했다. 나는 슬펐지만 친구들에겐 그저 피곤하다고 이야기했다.

이제는 내 슬픔도 다소 가라앉았다. 다시 말하면… 완전히 사라진 것은 아니라는 뜻이다. 그래도 나는 그가 자기 별로 돌아갔다는 걸 알고 있다. 새벽에 동이 텄을 때 그의 몸을 다시 찾아볼 수 없었던 것이다. 그다지 무겁지 않은 몸이었다……. 그래서 밤마다 나는 별들에 귀 기울이기를 좋아한다. 별들은 마치 5억 개의 작은 방울과 같다…….

그런데 한 가지 특별한 일이 있다. 어린 왕자에게 그려 준 입마개에 가죽 끈을 묶는 걸 내가 깜박 잊어버린 것이다! 그걸 양에게 매줄 수가 없을 것이다. 그래서 나는 '그의 별에서 무슨 일이 일어나고 있을까? 혹시 양이 꽃을 먹어버리지는 않았을까…….' 하는 궁금증이 계속 들었다.

어떤 때는 '당연히 먹지 않았겠지! 어린 왕자는 그의 꽃을 매일 밤 유리덮개로 잘 덮어 주겠지. 그리고 양을 잘 지켜볼 테고……' 라고 상상해 본다. 그렇게 생각하면 나는 행복해진다. 그러면 모든 별들이 달콤하게 웃는다.

어느 때는 '어쩌다 방심할 수도 있겠지. 그러면 끝장인데……! 어느 날 밤 그가 유리덮개를 잊었거나 양이 밤중에 소리 없이 밖으로 나올지도 몰라…….' 하는 생각이 들기도 한다. 그러면 작은 방울들은 모두 눈물로 변한다…….

여기엔 큰 수수께끼가 있다. 어린 왕자를 사랑하는 여러분에게는, 나에게도 그렇듯이, 우리가 모르는 어딘가에서 우리가 본 적도 없는 양이 장미 한 송이를 먹었느냐, 먹지 않았느냐에 따라서 우주가 달라질 수 있다.

하늘을 올려다보라. 그리고 생각해 보라. 양이 장미를 먹었을까, 안 먹었을까? 이 대답 여부에 따라 모든 것이 달라짐을 여러분은 알게 될 것이다.

식은 죽
먹기야~

● 전체 평가
체감 난이도　　☑ 상　☑ 상중　☑ 중　☑ 중하　☑ 하
읽기 만족도　　☑ 나는 리딩의 고수!
　　　　　　　☑ 좀 잘했군요~
　　　　　　　☑ 노력하세요.
　　　　　　　☑ 난 머리가 안 좋나봐 -.-;

Reading Schedule

이 책은 총 16,850개의 단어로 구성되어 있습니다.(중복 포함, 1페이지는 대략 146단어)
분당 150단어 읽기는 원어민이 말하는 속도입니다. 먼저 이 기준을 목표로 시작해보세요.

● 1회 읽기

날 짜	/	/	/	/	/
시 간	~	~	~	~	~
페이지	~	~	~	~	~

내용 이해도 ☑ 90%이상 ☑ 70% ☑ 50% ☑ 30%이하

리딩속도 계산 | 115 | ÷ | | X | 146 | = | |
전체 페이지 · 시간(분) · 1페이지 당 평균 단어수 · 1분당 읽은 단어수

● 2회 읽기

날 짜	/	/	/	/	/
시 간	~	~	~	~	~
페이지	~	~	~	~	~

내용 이해도 ☑ 90%이상 ☑ 70% ☑ 50% ☑ 30%이하

리딩속도 계산 | 115 | ÷ | | X | 146 | = | |
전체 페이지 · 시간(분) · 1페이지 당 평균 단어수 · 1분당 읽은 단어수

● 3회 읽기

날 짜	/	/	/	/	/
시 간	~	~	~	~	~
페이지	~	~	~	~	~

내용 이해도 ☑ 90%이상 ☑ 70% ☑ 50% ☑ 30%이하

리딩속도 계산 | 115 | ÷ | | X | 146 | = | |
전체 페이지 · 시간(분) · 1페이지 당 평균 단어수 · 1분당 읽은 단어수

하지만 이런 일이 그렇게도 중요하다는 걸 어른들은 결코 이해하지 못할 것이다!

이것은 나에게 세상에서 가장 아름답고도 가장 슬픈 풍경이다. 앞 쪽 것과 같지만 여러분 기억에 남기기 위해 다시 그린 것이다. 어린 왕자가 세상에 나타났다가 다시 사라진 곳이 바로 여기다.

이 그림을 차분히 잘 봐두었다가 여러분이 나중에 아프리카 사막을 여행할 때 이곳을 꼭 알아볼 수 있기를 바란다. 그리고 혹시 이곳을 지나가게 되면, 발걸음을 재촉하지 말고 잠시 별빛 아래에서 기다려 보라.

그때 혹시 어떤 어린 친구가 다가오면, 그가 웃음을 보이며 머리칼은 금빛이고, 묻는 말에 제대로 대답을 하지 않으면 여러분은 그가 누구인지 알게 될 것이다. 그런 일이 있으면 꼭 나를 위로해 주길 바란다. 그가 돌아왔다고 내게 편지를 보내 주길 바란다.